U0165742

聽，鯨在唱歌：

# 素養導向國語文
# 教學設計實務

許育健 著

五南圖書出版公司 印行

# 序

## 聽，鯨在唱歌

鯨，生活在廣闊的海洋中，體型巨大。藍鯨，還是地球上最大的生物。如此龐然大物，統領著海洋世界，在大海中，卻始終優雅的存在。鯨「唱歌」主要的目的，大抵以宣示領域或求偶表意為主；當然，根據科學家的研究，鯨不僅聽覺靈敏，某些種類的鯨還可以透過特殊的器官結構發出聲音，讓分隔百里之外的夥伴彼此溝通。這些鯨幾乎是即興的作曲家，也是優秀的演唱家，由科學家每次的紀錄發現其音譜不同、多有變化可得知。

然而，本書為何要以「聽，鯨在唱歌」來隱喻語文素養的展現呢？

語文學習可視為學生接受正式學校教育最重要的任務之一，因為它包含聽、說、讀、寫等基本的學習與表達能力，語文可視為各學科領域的基礎（各學科領域經常需要透過語文來表徵其內涵），比如自然或社會的專題報告。簡言之，語文既可作為學習之「本體」（國語文領域本身），也可以作為學習之「應用」（跨領域輔助學習）。若能將語文學好，體用之間方能順暢自如。鯨，作為海洋世界的統領者；一如語文領域領銜其他學習領域的發展。鯨的歌唱，猶如語文與其他學科之間溝通與交流，可以通暢無礙，各領域素養展現自然可得。這是語文作為工具性學科的視角。

有一天，奶奶對莉莉說了一個關於鯨魚的故事。奶奶說，從前的她喜歡整天坐在防波堤盡頭看成群的鯨魚悠遊地游水。還說，只要把美麗的禮物送給鯨，鯨魚就會唱歌來回報。隔天一早，莉莉帶著期待的心情與一朵黃色的小花到了防波堤，「這是給你們的！」將花扔向水面；但是，莉莉在防波堤等了一整天，卻還是等不到鯨魚。然而，那個晚上莉莉突然醒來，隱約聽見遠處有某種聲音……她跑向海邊。原來是鯨魚，好多好多的鯨魚在海面上飛舞著，他們全都圍繞著那朵黃色的小花在跳舞，鯨魚的歌聲在四周迴盪。

這是黛安雪登與蓋瑞布來茲的繪本作品《聽那鯨魚在唱歌》的部分內容。這繪本中的鯨，其美妙歌聲讓事情有了變化。如同我們遇見語文之中的「文學」時，便產生了某些關聯，觸發了我們的感性與浪漫，我們的生命就此受到或多或少的影響。在海海人生中，文學如同鯨透過歌聲來滋養我們的生活，昇華我們的人生。且聽鯨在唱歌，讓我們跟著唱和。

　　鯨的歌唱也讓我們聯想到語文內容中的「文化內涵」。承如前述，鯨透過唱歌進行溝通與交流；可是時至今日海上交通繁忙，人類在海上頻繁捕魚，軍艦不斷的發射聲納，或其他海洋活動產生的海底聲音，這些人造音源已造成鯨群間溝通上的困擾，形成了保育的議題之一。於是，語文學習領域與相關議題的探究，密不可分，值得吾人省思。

　　本書期待能展現語文在工具、文學與文化三大面向的多方探究。因此全書概分為九章，前二章先談論語文素養及十二年國教國語文領綱，其後五章分別對聆聽與口語表達教學、注音符號教學、識字與寫字教學、閱讀教學及寫作教學等語文能力主軸，談論其學習重點（學習表現與學習內容）、教學的觀念方法與原則，並提供六篇具體示例供教學設計思考。最後二章分別針對國高中教師重視的「古典詩文教學」，以及數位時代不可避免的「語文教學與教育科技應用」，進行專題的討論。別有特色的是，在各章結束之前，筆者以幾篇輕鬆的隨筆散文或評論作為「語文素養」的延伸思考，供君莞爾。

　　這本書富含我近年來對語文教學的思考與理路，前後花費近二年時間撰寫，感謝兩位書稿審查委員給予寶貴意見與建議，也謝謝協助校稿的煒儒、沚琪與慧鈴，以及所有協助我完成此書的師長、朋友、五南出版公司編輯們。

　　最後，我要將這本書獻給我的父母親，感謝您們一路的艱辛養育與包容。

育健

2020 仲春　驚蟄　於北教大

# 目錄
## CONTENTS

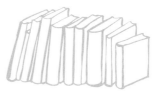

# 圖目錄

# 表目錄

# 01

## 語文素養

在開始這個議題之前，且讓我們閱讀這段文字：

在菊島，有很多不一樣，
比如，時間。

某天公開課後的議課，
有一位自言「老派」的老師，
說時間很重要，即便是公開課也要準時下課，
此外，他沒意見了。

接連一整天研習，
我談了語文教學與評量設計，
時間，在窗外，慢悠悠，從東邊移到了西邊，
照映了那淺淺的海灣。

傍晚時分，
時間，陪著我，在沿灣步道上，
海風旖旎，岸上的叢綠和小花，似乎睡了長長的午覺，還醒不過來。
向西望去，一縷柔長的澄金躺在輕輕波動的海面，
沿岸的消波塊則回應了細語呢喃。

移時之間的澎湖，
擁有，某種神秘的幸福。

——這是我某年在澎湖的一段記事。

關於語文素養，無論所謂的專家學者如何的定義它，我個人始終認為：語文素養乃關乎於生活中點點滴滴的大小事務，其與語文有不可分離的各式關係。至於該如何清楚明確的表述「語文素養」，且順著相關文獻與課程綱要內容的梳理，讓我們一窺究竟。

# 語文素養的定義

自2014年教育部公告〈十二年國民教育階段課程綱要〉總綱以來，教育界最常談論的關鍵詞大概就是「素養」了。因此，各領域專家學者莫不從各自的立場觀點探究「何謂素養？」。在眾說紛紜之際，本書以「國語文學習領域」為軸，於本章伊始就此進行一些文獻梳理，以揭示語文素養之簡要定義及原則，作為本書論述之基礎。

素養一詞並非新的概念或名詞。就「語文」的角度視之，若查諸相關英漢詞典，則可檢閱到另一個相近的英文詞彙「literacy」。literacy原意為「讀寫能力」，因為早期教育未普及的時代，能接受教育而具有「識字、閱讀與寫作」的能力者，不僅為少數，更被當時社會大眾認知為「具教養的人」，可承擔相關知識與文化之交流、傳遞及保留的責任。然而，時至教育普及的今日，語文素養的定義可能更貼近「以聆聽、口語表達、閱讀與寫作等語文綜合能力在日常生活中，適切應用於相關問題解決時之知識、能力與態度」。

蔡清田（2012）引用Jager與Tittle的定義，指出「素養」（competence）一字源於拉丁文的cum和petere的概念，乃指伴隨某人或某事件所內含的知識、能力和態度。而最關鍵重要的素養可謂之「核心素養」，其具有「多元面向」、「多元場域」、「多元功能」、「高階複雜」及「長期培育」等三多一高一長的特質。語文核心素養的形成，也是具有同樣的概念與特質。有外顯的，也有內隱的，具有冰山意象的構念，可見其多元與複雜。

「經濟合作發展組織」（OECD）規劃了「2030年教育之學習架構」（Education 2030 Learning Framework），旨在指出：知識、技能、態度與價值等多元內涵，融合成「學習羅盤」，引導學生建立活用於生活、了

解意義等學習態度，以面對未來多變而未知的挑戰。其中知識、技能、態度與價值層面之細目說明如下：知識包含學科知識、跨學科知識、認識論知識、程序性知識；技能則包含認知與後設認知能力、社會與情緒能力、身體與實際操作能力；態度與價值（attitudes and values）方面，分為個人的、在地的、社會的、全球的（OECD，2018）。從以上可了解，素養學習除了素養的養成，更必須引導學生透過行動來加以實踐。

曾子旂（2019）檢視我國核心素養內涵與美國所強調的共通性素養（又譯關鍵能力）進行比較討論，發現核心素養內涵與二十一世紀關鍵能力具高度相似度。「專案式學習」是最常被使用的有效學習策略之一，特別是學習者為中心的學習模式、強調歷程中的學習策略也與我國素養導向課程設計原則相仿，兩者均強調連接生活情境、課程與教材設計兼具學習內容與歷程、學生自主學習等。

林永豐（2018）曾在核心素養導向的課程轉化與教案特色研究中提到：九年一貫課綱與108課綱間為持續深化之歷程，而非斷裂式的重新展開。核心素養是各學習階段與領域所要共同促成的共同目標。課程目標是需要轉化以落實的，總綱所列的課程目標及核心素養，有待透過各領域學科的內容與教學而得到具體化，而各領域課程的落實，則又有待單元課程的發展與教科書等教材的設計，再透過各種教學活動與學習歷程來達成。

洪詠善與范信賢（2015）主張，素養導向教學設計與實施原則應包括四項：1.整合知識、能力（包含技能）與態度；2.重視情境與脈絡的學習；3.重視學習的歷程、方法及策略；4.強調實踐力行的表現。吳璧純、鄭淑慧與陳春秀（2017）亦主張，素養導向教學模式乃是在教與學的歷程中，注意五大要素，包括脈絡化的學習情境、教師交付或學生自訂的工作任務、學生自己思考或討論、學生採取行動嘗試達成任務的方法及策略、學生反思與自我調整。

綜上所述，有關能體現素養導向的課程與教學設計，林永豐（2018）歸納出四項課程轉化原則：在情境脈絡中引導學生產生除了知識以外的學

習概念、過程強調學生的自主，並將所學實踐於生活；關照認知、技能、情意或態度等方面的多元學習，教師教學上更強調彈性採用多元策略，也更注重兼顧形成性與總結性的多元評量。換言之，核心素養的表述可彰顯學習者的主體性，不再只以學科知識作為學習的唯一範疇，而是關照學習者可整合運用於「生活情境」，強調其在生活中能夠實踐力行的特質。依此，可知語文學習必須能貼合生活情境的應用與實踐。

宏觀世界，無論是「聯合國教育科學文化組織」（UNESCO）、「歐洲聯盟」（EU）或OECD等國際組織或世界先進國家，都將「素養」（competence或literacy）視為未來課程的核心（蔡清田，2012）。

若以近年來其他華文地區語文課程發展視之，中國大陸在2011年公告《義務教育語文課程標準》，即主張全面提高學生的語文素養，正確把握語文教育的特點，積極宣導自主、合作、探究的學習方式，努力建設開放而有活力的語文課程。香港則自2008年頒布《小學語文學習重點》，分為語文學習基礎知識及聆聽、說話、閱讀、寫作等面向，附加文學、中華文化、品德情意、思維、語文自學等項目，共構語文學習的各項目標，內容十分廣泛，卻不離語文基本能力。新加坡於2015年公告《小學華文課程標準》從語言能力、人文素養和通用能力三方面制定課程總目標，提出語言能力是學生使用華文進行交際的核心能力；人文素養是學生應發展的重要素質，它能幫助學生建立正面和積極的情意品德；通用能力是學生獲取知識、建構知識和應用知識，以及分析、解決問題的基本的能力。由此三地課程政策正可呼應十二年國教國語文課程的基本方針：以核心素養為軸，透過語文能力的綜合展現，讓學生在多變的社會脈絡與生活情境之中，滿足基本生活需求所需的能力與技術，實現個人目標、增進知識、發揮潛能，並參與社群活動，貢獻所學。

就國內的政策指引而言，依教育部所屬國家教育研究院（2015）之《十二年國民基本教育課程發展指引》指出：「核心素養」是指一個人為適應現在生活及未來挑戰，所應具備的知識、能力與態度。就其內涵視

之，「核心素養」承續過去課程綱要的「基本能力」、「核心能力」與「學科知識」，但涵蓋更寬廣和豐富的教育內涵。

　　換言之，核心素養的表述可彰顯學習者的主體性，不再只以學科知識作為學習的唯一範疇，而是關照學習者可整合運用於「生活情境」，強調其在生活中能夠實踐力行的特質。依此，可知語文學習必須能貼合生活情境的應用與實踐。

　　回顧十二年國教課程總綱所示，九項基本素養分別為：

▸ A自主行動（A1身心素質與自我精進、A2系統思考與解決問題、A3規劃執行與創新應變）；

▸ B溝通互動（B1符號運用與溝通表達、B2科技資訊與媒體素養、B3藝術涵養與美感素養）；

▸ C社會參與（C1道德實踐與公民意識、C2人際關係與團隊合作、C3多元文化與國際理解）。

　　依此，〈國語文學習領域課程綱要〉即羅列了中小學國語文核心素養之具體內涵（教育部，2018，頁3-5），如下：

| 核心素養<br>三面向 | 核心素養<br>九項目 | 國民小學國語文<br>核心素養具體內涵 | 國民中學國語文<br>核心素養具體內涵 |
|---|---|---|---|
| A<br>自主行動 | A1<br>身心素質與<br>自我精進 | 國-E-A1<br>認識國語文的重要性，培養國語文的興趣，能運用國語文認識自我、表現自我，奠定終身學習的基礎。 | 國-J-A1<br>透過國語文的學習，認識生涯及生命的典範，建立正向價值觀，提高語文自學的興趣。 |
| | A2<br>系統思考與<br>解決問題 | 國-E-A2<br>透過國語文學習，掌握文本要旨、發展學習及解決問題策略、初探邏輯思維，並透過體驗與實踐，處理日常生活問題。 | 國-J-A2<br>透過欣賞各類文本，培養思辨的能力，並能反思內容主題，應用於日常生活中，有效處理問題。 |
| | A3<br>規劃執行與<br>創新應變 | 國-E-A3<br>運用國語文充實生活經驗，學習有步驟的規劃活動和解決問題，並探索多元知能，培養創新精神，以增進生活適應力。 | 國-J-A3<br>運用國語文能力吸收新知，並訂定計畫、自主學習，發揮創新精神，增進個人的應變能力。 |
| B<br>溝通互動 | B1<br>符號運用與<br>溝通表達 | 國-E-B1<br>理解與運用國語文，在日常生活中學習體察他人的感受，並給予適當的回應，以達成溝通及互動的目標。 | 國-J-B1<br>運用國語文表情達意，增進閱讀理解，進而提升欣賞及評析文本的能力，並能傾聽他人的需求、理解他人的觀點，達到良性的人我溝通與互動。 |
| | B2<br>科技資訊與<br>媒體素養 | 國-E-B2<br>理解網際網路和資訊科技對學習的重要性，藉以擴展語文學習的範疇，並培養審慎使用各類資訊的能力。 | 國-J-B2<br>運用科技、資訊與各類媒體所提供的素材，進行檢索、統整、解釋及省思，並轉化成生活的能力與素養。 |
| | B3<br>藝術涵養與<br>美感素養 | 國-E-B3<br>運用多重感官感受文藝之美，體驗生活中的美感事物，並發展藝文創作與欣賞的基本素養。 | 國-J-B3<br>具備欣賞文學與相關藝術的能力，並培養創作的興趣，透過對文本的反思與分享，印證生活經驗，提升審美判斷力。 |

（續下頁）

| 核心素養<br>三面向 | 核心素養<br>九項目 | 國民小學國語文<br>核心素養具體內涵 | 國民中學國語文<br>核心素養具體內涵 |
|---|---|---|---|
| C<br>社會參與 | C1<br>道德實踐與<br>公民意識 | 國-E-C1<br>閱讀各類文本，從中培養是非判斷的能力，以了解自己與所處社會的關係，培養同理心與責任感，關懷自然生態與增進公民意識。 | 國-J-C1<br>閱讀各類文本，從中培養道德觀、責任感、同理心，並能觀察生活環境，主動關懷社會，增進對公共議題的興趣。 |
| | C2<br>人際關係與<br>團隊合作 | 國-E-C2<br>與他人互動時，能適切運用語文能力表達個人想法，理解與包容不同意見，樂於參與學校及社區活動，體會團隊合作的重要性。 | 國-J-C2<br>在國語文學習情境中，與他人合作學習，增進理解、溝通與包容的能力，在生活中建立友善的人際關係。 |
| | C3<br>多元文化與<br>國際理解 | 國-E-C3<br>藉由閱讀各類文本，培養理解與關心本土及國際事務的基本素養，以認同自我文化，並能包容、尊重與欣賞多元文化。 | 國-J-C3<br>閱讀各類文本，探索不同文化的內涵，欣賞並尊重各國文化的差異性，了解與關懷多元文化的價值與意義。 |

依上述內容，可簡要概括其要旨如下九項語文學習之目標：

1. 學生是否具有學習語文的興趣。
2. 學生是否能掌握與賞析各類文本，並運用語文學習與思辨的能力
3. 學生是否能運用語文充實生活、解決問題與創新應變。
4. 學生是否能理解與運用語文與他人達成良性溝通。
5. 學生是否能善用資訊科技擴展語文學習，並具有良好的媒體素養。
6. 學生是否能感受生活，展現藝文創作與欣賞的能力。
7. 學生是否能透過文本閱讀，培養道德實踐與公民意識。
8. 學生是否能以良好的語文能力表達想法與互動溝通。
9. 學生是否能藉由不同文本的閱讀，體悟多元文化的價值。

綜言之，語文的學習不再只是語文知識的積累，更重要的是「語用」（語文應用）。語文學習的目標在於：讓學生能學習語文，也透過語文學習，更進一步應用在問題解決、創新應變、人際互動、美感陶冶、媒體素養等方面。

# 十二年國教　國語文課綱

課程是什麼？簡言之，就是教育的內容。依此，國語文課程所指涉的範圍便是國語文教育的理念目標、內容重點及實施原則。以下就國語文課程內容進行簡要回顧與說明，以綱為始，方向便不易偏失。

## 簡要回顧 語文課程標準與語文課程綱要 ▶▶▶

臺灣自1968年正式實施九年國民義務教育伊始，教育部即有較為系統化的官方正式課程的規劃，更為了提供教材編寫者及教學實施者有較佳的指引與參照，即於1968年頒定了「國民小學課程標準」，內含國語科課程與教學的諸多規定。其後，於1975年依社會狀況及時代需求，修正後再次頒定「國民小學課程標準」。及至1993年，頒布了第三版本的「國民小學課程標準」，讓國語文學科的知識體系架構更為明確，更具系統性。

然而，依許育健（2011a）的研究分析，因1995年的臺灣諸多團體發起教育改革運動的推波助瀾，教育部不得不提出新的課程改革方案，因此全新發布2003年版的國語文學習領域課程綱要[1]。其後，在2011年，教育部對2003年版的課綱進行「微調」，亦即2003年版與2011年版相差不大，在此即不特別比較其差異，以下僅以1993年版「課程標準」與2011年版

---

1. 本文以下簡稱「92年版語文課綱」。

「課程綱要」[2]之架構內容進行比較，相關說明如下：

表 1　臺灣1993年版與2011年版之國語文課程標準／綱要內容項目比較表

| 主要內容 | 1993年版課程標準 | 2011年版課程綱要 |
|---|---|---|
| 目標 | 壹、總目標<br>貳、分段目標 | （一）基本理念<br>（二）課程目標<br>（三）分段能力目標<br>（四）分段能力目標與十大基本能力之關係 |
| 時間分配 | 壹、低年級（每週400分鐘）<br>貳、中高年級（每週360分鐘） | 實施要點之學習節數規定<br>「占領域學習節數20%～30%」<br>（約五至六節） |
| 教材綱要 | 六大項教材綱要 | 分段能力目標內涵 |
| 實施方法 | 壹、教學實施要點<br>　一、教材編選及組織<br>　二、教學方法<br>貳、教學評量 | （五）實施要點<br>1. 教材編選原則<br>2. 教學原則<br>3. 學習評量 |

　　首先，在目標方面，1993年版的目標基本上是結合國民小學教育目標（參見教育部，1993）與傳統語文教學的「說話、讀書（含課外閱讀）、作文、寫字」四大目標陳列，欲建立學生此四項語文學習的「核心知識」，亦即強調學生「應該學習哪些語文知識」。然而，2011年版則是依國民教育階段九年一貫課程總綱訂定的基本理念與十大基本能力結合，形成主要的十項語文能力。其後，以學生的角度，分列了語文學習的六個主軸能力：「注音符號應用、聆聽、說話、識字與寫字、閱讀、寫作」，強調學生「應該具備哪些語文能力」。雖然兩者在文字敘述的明細度與用詞或有差異，然兩者目標皆是欲培養學生正確的理解與應用語文的能力，但其主要差異在於：由「知識」的習得轉向「能力」的培養。

---

2. 本文以下簡稱「百年版語文課綱」。

聽，鯨在唱歌
素養導向國語文教學設計實務

其次，在時間分配方面是否有變化？以1993年版課標的時間規劃分配，以低年級10節課與當時一週約27節課的比率計算，國語文約占學習總時數的37.03%。至於2003年版課程綱要規定，語文在低年級占學習領域節數的20%至30%之間，再者，以學習總節數而言，僅占16%至24%，遠低於原來的37%。更有甚者，綱要中的語文包括國語文、鄉土語言及英語三者，國語文所占的時間大概只有以往的一半而已，每週大概只有5節或6節。如何在有限的教學時數上，進行高效的教學，便是教師們備課時重要的思考內容之一。

　　在教材綱要與能力指標方面，以內容變動幅度而言，原本的第三項「教材大綱」（頁59-70）共十二頁的篇幅，被強調「基本能力」的103條「能力指標」及322條的「能力指標內涵」所代替，其所變動之大，也是歷來少見，並再次體現此次課程改革主要的精神——「以能力的學習取代知識的累積」。

　　最後，在「實施方法」方面，由於語文教學的方法有其傳統及原則，並非一朝一夕即可變化，況且所謂的「教學創新」也是立基於既有語文教學法，加諸一些多元的題材及多樣的體驗活動調整變化而已，在本質上，語文教學法的主體精神是延續的。若將兩者以文件比較分析，下一個較簡單的結論，即是2011年版的課程綱要較「簡化」與「概念化」，或許，這是呼應其「鬆綁」的理念，促使教師得以「專業」與「自主」的理念而來；但就實用性而言，2011年版課程綱要較不符合教師們教學實務的需求（沒有提供具體的教學方法建議），而較偏向課程設計與教材選編的「原則」，這便考驗教師語文教學的專業能力了。

　　值得一提的是，在百年版語文課綱中，關於國語文教材的編選原則，於「實施要點」一項中有簡要的說明（參見教育部，2011b）。若與1993年版課程標準中的「教材綱要」比較，很明顯的呈現出「原則性」與「階段性」的特色。「原則性」乃是希望教科書出版商與學校自編教材編輯

者，應擺脫過去詳細制式的指定教材規範，只需掌握教材編輯原則，並靈活的取材及發揮創思設計活潑多元的教學活動。另外，就「階段性」而言，則刪除了過去分「年級」規劃教材大綱的方式，而以三個「學習階段」的分段能力指標爲規準，設計不同學習階段的教材。茲舉閱讀教材爲例，如下表。

表2　課程標準與課程綱要閱讀教材內容比較表

| 1993年版課程標準 | 1 | 2 | 3 | 4 | 5 | 6 | 百年版語文課綱 |
|---|---|---|---|---|---|---|---|
| 參、讀書教材綱要 | | | | | | | （五）實施要點　1.教材編選原則 |
| 散文 | | | | | | | (3) 編選教材範文時： |
| 　記敘文 | | | | | | | A. 應將所選用之教材，按文體比例、寫作風格、文字深淺、內容性質，以單元或主題方式作有系統之編排。並於第二階段（第六學年）漸次融入文言文。第三階段應逐年調整文言文與語體文之比例（自15%~35%）。 |
| 　　一般記敘文 | ◎ | ◎ | ◎ | ◎ | ◎ | ◎ | |
| 　故事 | | | | | | | |
| 　　童話 | ◎ | ◎ | ◎ | ◎ | | | |
| 　　寓言 | ◎ | ◎ | ◎ | ◎ | ◎ | ◎ | |
| 　　神話 | | | ◎ | ◎ | ◎ | ◎ | |
| 　　一般故事 | | | | | | | B. 各階段教材之選文，得視需要附題解、作者、注釋、賞析、導讀及思考問題等，或納入教學指引，以增進了解與欣賞能力。 |
| 　　民間故事 | | ◎ | ◎ | ◎ | ◎ | ◎ | |
| 　　自然故事 | | ◎ | ◎ | ◎ | ◎ | ◎ | |
| 　　歷史故事 | | ◎ | ◎ | ◎ | ◎ | ◎ | |
| 　　科學故事 | | | | | ◎ | ◎ | |
| 　說明文 | | | ◎ | ◎ | ◎ | ◎ | |
| 　議論文 | | | | | ◎ | ◎ | |

在2011年版發布之後，未及三年，教育部又公告了「十二年國民基本教育課程總綱」[3]，宣示了新課綱的時代來臨。經過多年的研擬，2018年即正式公告「國語文學習領域課程綱要」[4]。以下將說明之。

## 十二年國教國語文課程綱要概述 ▶▶▶

臺灣自2014年公布十二年國教總綱，以「自發」、「互動」及「共好」為中心理念，以「核心素養」為基礎思維，強調培養以人為本的「終身學習者」。主要分為三大面向：「自主行動」、「溝通互動」、「社會參與」。三大面向再細分為九大項目：「身心素質與自我精進」、「系統思考與解決問題」、「規劃執行與創新應變」、「符號運用與溝通表達」、「科技資訊與媒體素養」、「藝術涵養與美感素養」、「道德實踐與公民意識」、「人際關係與團隊合作」、「多元文化與國際理解」。這些面向內容強調學習者的主體性，期待學生除了習得知識與技能之外，也能著重學習策略的習得，並在動機與興趣的支持下，將所學應用於生活實境之中，透過各項實踐活動促成其全人發展。

## 能力指標轉化為核心素養 ▶▶▶

承前所述，自實施九年國民義務教育以來，語文課程的重要變革乃由1993年版的國語科「課程標準」調整成2011年版的國語領域「課程綱要」。在此，讓我們再繼續將百年版語文課綱與2018年公告的十二年國教國語文領綱進行比較，以理解其變化與修正之處。

回顧百年版語文課綱中，條列了103條的「能力指標」（3碼的指標，如E-1-2 能讀懂課文內容，了解文章的大意）及318條「能力指標細項」（4碼，如閱讀主軸下的 1-2-2-2 能分辨基本的文體），揭示語文學習領域

---

3. 本文以下簡稱「十二年國教總綱」。

4. 本文以下簡稱「十二年國教國語文領綱」。

由「知識本位」（知道什麼）走向「能力本位」（能做什麼），希望孩子能習得帶得走的語文能力。

　　教育部（2018）十二年國教國語文領綱所揭櫫的「國語文教育基本理念」內容如下：

1. 期使學生具備良好的聆聽、口語表達、標音符號與運用、識字與寫字、閱讀、寫作的能力，並能使用語言文字，充分表情達意、解決問題與反省思辨的能力。

2. 藉由各類文本的閱讀欣賞與創作，激發創意，開拓生活視野，提升閱讀興趣，加強審美與感知的素養。

3. 培養學生有效應用國語文，從事思考、理解、推理、協調、討論、欣賞、創作，以擴充生活經驗，拓展視野。

4. 健全人我關係，體會生命意義，理解並尊重多元文化，面對國際思潮。

5. 引導學生學習利用工具書，結合資訊網路，藉以增進語文學習的廣度和深度，培養學生自學的能力。

　　此版本的課程綱要內容，轉化修正原本的「能力指標」為「學習表現」（展現什麼能力），並加入具體的「學習內容」（文字、文本、文化）。綜合觀之，乃擴大傳統語文教學對於「國語文」的定義及用途，朝向培養公民「多元文本識讀能力」的方向邁進。

## 多元文本識讀能力 ▶▶▶

　　為何是「多元文本識讀能力」呢？課綱之「基本理念」指出，公民除了應具有運用語文的「能力」，更強調「情意」及「態度」層面的培養；亦即應培養學生體察不同的社會情境、文化脈絡的差異，了解如何在各種語境中，利用語文進行理解、溝通、解決問題的能力，並能針對不同語文訊息或文本之間進行高層次的思考、批判，以整合訊息，做出判斷。此

外，更要引導學生樂於精進語文能力，持續吸收新知，體會文字、文本及文化的內涵和特質，主動吸收國語文的知識，形成自己的論述體系。

以下，是筆者解讀十二年國教國語文領綱的幾項重點：

**學習重點** 學習表現與學習內容 ▶▶▶

國語文領綱的理念及目標，以總綱的三大面向——「學習經驗的連貫」、「語文素養的深化」及「自學能力的培養」為軸，延伸至領域綱要（以下簡稱為「領綱」），呈現出：「學生語文能力的培育」、「語文素質的涵養」、「文化教育的薰陶」等目標，以培養學生解決問題的能力，奠定終身學習的基礎。

其次，領綱在內容上，以往占了許多篇幅的分段能力指標也由「學習重點」所取代。學習重點分為兩大部分：「學習表現」與「學習內容」。「學習表現」下轄六大類，分別為聆聽、口語表達、標音符號與運用、識字與寫字、閱讀及寫作。這是由百年版語文課綱中的六大主軸能力指標轉化而來。重要的改變有：

1. 原「注音符號」改為「標音符號與運用」，並移為第三項學習表現；
2. 由單向的「說話」改為強調互動的「口語表達」；
3. 原本的能力指標（現改稱學習表現）大幅精簡，並更為具體明確。

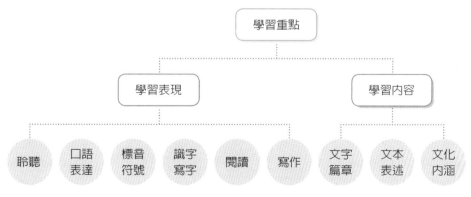

圖1　十二年國教國語文領綱　學習重點各細項架構圖

## 學習內容分為三大類、十二項 ▶▶▶

「學習內容」是此次新增的，說明了語文學習的主要內容。這部分對教師進行教材的文本分析及學習重點的確認，具有重要的意義。當然，對語文教科書設計者而言，也同樣具有明確的指示性。學習內容其下分為「文字篇章」、「文本表述」、「文化內涵」三大主類別，分述相應的十二項。

▶ 「文字篇章」：包括「標音符號」、「字詞」、「句段」及「篇章」四項；

▶ 「文本表述」：包括「記敘文本」、「抒情文本」、「說明文本」、「議論文本」及「應用文本」五項；

▶ 「文化內涵」：包括「物質文化」、「社群文化」及「精神文化」等三項。

圖2　十二年國教國語文領綱　學習內容細項架構

仔細檢閱學習內容，有一些內容值得注意，例如：識字的內容強調「識多寫少」，明確的規範了「認讀字」（只要會識與讀即可）及「習寫字」（識、讀、寫皆須習得）的數量。又如，小學階段新增了「抒情文本」一類，這是過去在小學「文體」類別中未曾出現的（當然，其實「文

本」與「文體」是兩個不同的概念，可參考本書閱讀教學一章）。至於各大項學習內容詳細的內容，將於本書各章節進行細項的分析。

## 每週授課節數655 ▶▶▶

百年版語文課綱的國語文每週時數是具有彈性的，卻也造成各校節數有所不同。此次十二年國教總綱明確規定「國語課」在第一學習階段（小學一、二年級）每週應修習6節課；第二至第四學習階段（國民小學三至六年級及國中階段）每週5節課。但學校仍有彈性時間可以增加國語文的學習時數，也就是新課綱規定了國語課週時數「下限」，在不影響其他領域學習的情況下，學校還是可以利用「校訂課程」而彈性規劃其他語文學習的時間。

## 學習表現123，學習內容ABC ▶▶▶

承前所述，學習重點分為學習表現與學習內容兩類編碼方式，皆為三碼。學習表現的六個主軸「聆聽」、「口語表達」、「標音符號與運用」、「識字與寫字」、「閱讀」及「寫作」以1至6數字編號。

學習內容則以大寫英文字母ABC編號。共分三類：「文字」A、「文本」B、「文化」C三主軸，下分十二類：「文字」類包括「標音符號」Aa、「字詞」Ab、「句段」Ac及「篇章」Ad四項；「文本」類包括「記敘文本」Ba、「抒情文本」Bb、「說明文本」Bc、「議論文本」Bd及「應用文本」Be五項；「文化」類包括「物質文化」Ca、「社群文化」Cb及「精神文化」Cc三項。要特別注意是由「一大一小」（一個大寫字母加上一個小寫字母）所組成的。

兩類之第二碼為學習階段(Ⅰ、Ⅱ、Ⅲ、Ⅳ、Ⅴ)，第三碼為流水號。例如：「2-Ⅱ-3 把握說話的重點與順序，對談時能做適當回應」；或「Ba-Ⅲ-1順敘法與倒敘法」。理解這些編號後，在日後編寫教學活動設計時，即可由其編號知道其相應內容。

## 實施要點略增減、課程教學評量談原則 ▶▶▶

　　回顧百年版語文課綱之實施要點有「教材編選原則」、「教學原則」與「學習評量」等三大項；基於十二年國教課綱所強調的「適性教育」重要精神，語文課綱即為各層級國語文教育之課程發展、教材編選、教學實施、教學資源及學習評量等提供具體的建議。

　　其中，在新增的「課程發展」一項，強調國語文之課程發展，以「適性揚才、終身學習」為願景，並提示學校設計校訂課程時應重視一貫性、銜接性、統整性、差異性、多元性、實用性等六大原則。這些雖然是理念或原則性的宣示，但對於國語文教科書的編寫，或是學校校訂課程的發展具有提示作用，也提供了重要的建議。

　　十二年國教國語文領綱在教材編選方面，明確規定「國語文教材的編選，宜把握語文核心素養的要求，並搭配差異化教學及補救教學之理念，按文本表述方式、文字深淺、內容性質，有系統地編排課文，並應顧及聽、說、讀、寫能力的結合。」此外，「教材的編選應根據學習重點以及學生認知特質、情意發展，強調不同階段的重點差異和階段間的縱向銜接，並提供高層次認知思考能力的學習素材，讓學生習得運用知識以解決問題的能力。」

　　如果課程教材是教學的內容，猶如下廚前將食材準備好，接著就要大展身手了，用適切可行的方式來完成美食烹煮。因此在教學實施方面，便指出教學實施應顧及學生的能力、興趣及多元智能需求，靈活採用各種有效的教學策略，以達成教學目標（這些較之以往教學原則，其實沒什麼新穎之處，是吧？）。還有，教師在選擇教學方法時，應善用不同形態的師生互動模式，比如分組合作學習等，循序漸進地引導學生，將學習的責任逐步轉移到學生身上。

　　在教學資源方面，提示學校應根據不同學習階段間的縱向銜接，有效整合校內外人力資源，與民間組織、產業界攜手合作，提供國語文教學資

源，如補救教材與診斷工具等，以精進課程，提升學生學習成效。最後，在學習評量方面，則提及應顧及學生的能力、興趣及多元智能需求，依據教學的需求，靈活採用各種多元評量及診斷式評量，由教學決定評量內容，並由評量結果導引教學，使教學與評量緊密結合。

　　總言之，上述乃提示教師們在教材編選及教學活動的設計上，應以素養導向的設計原則，以多元文本的形式，將語文學科知識轉化為生活情境中可實際應用的學習策略，並用之於語文相關的問題解決，以體現「語文為用」的核心原則。

# 【遇見・語文素養】 臨死前的嚴監生

（咳咳，來，聽故事了）

自此，嚴監生的病一日重似一日，再不回頭。諸親六眷都來問候。五個姪子穿梭的過來陪郎中弄藥。

到中秋以後，醫家都不下藥了，把管莊的家人都從鄉裡叫了上來。病重得一連三天不能說話。晚間擠了一屋的人，桌上點著一盞燈。嚴監生喉嚨裡痰響得一進一出，一聲不倒一聲的，總不得斷氣，還把手從被單裡拿出來，伸著兩個指頭。

大姪子走上前來問道：「二叔，你莫不是還有兩個親人不曾見面？」他就把頭搖了兩三搖。二姪子走上前來問道：「二叔，莫不是還有兩筆銀子在哪裡，不曾吩咐明白？」他把兩眼睜的滴溜圓，把頭又狠狠搖了幾搖，越發指得緊了。奶媽抱著哥子插口道：「老爺想是因兩位舅爺不在跟前，故此記念。」他聽了這話，把眼閉著搖頭，那手只是指著不動。

趙氏慌忙揩揩眼淚，走近上前道：「爺，別人說的都不相干，只有我能知道你的意思！……你是為那燈盞裡點的是兩莖燈草，不放心，恐費了油。我如今挑掉一莖就是了。」說罷，忙走去挑掉一莖。

眾人轉看嚴監生，點一點頭，把手垂下，登時就沒了氣。

好了，故事說完了，補充一下：

嚴監生是《儒林外史》中的一個人物。吳敬梓用諷刺的手法，描寫了封建社會讀書人對功名的追求，以及他們的生活狀

況。在小說裡，嚴監生是一個很有錢的人。這篇描寫的是他臨死前的情形。

我經常用這則故事來說明什麼是國語文教學的三大目標——「語文」、「文學」、「文化」。（大致對應了學習內容的文字篇章、文本表述及文化內涵）

通常，在我（生動的）說完這則故事之後，我總是問：

「你們覺得嚴監生是個什麼樣的人？」

幾次問下來，大家的答案不外是：節儉，吝嗇，固執……之類的。

直到某次，在美好的週六上午，到雲林與幾位語文教學的同好分享時，我聽到了一個不同的聲音。

當天自嘉義前來的連老師說：嚴監生是「幸福」的人，至少臨終前有趙氏（他妻子）懂他的心，不言而明。

當下，我也笑了，真的，他真是幸福的……

為何要提這事件呢？

我在《高效閱讀》這本書中曾提及「推估主旨」這個概念。是的，我一直這麼認為。（文本是客觀中立的，主旨是讀者建構的）

演講中提到課文〈神筆馬良〉，馬良是個什麼的人？

大部分的老師都會配合課文前段，引導學生他是個「心地善良」的人。

然而，課文的末段提到：

「當皇帝的船快到大海中央的時候，馬良就畫起一陣又一陣的大風。大風吹起巨浪，才一會兒工夫，船被吹得不見蹤影。從此，皇帝再也沒回來。」

所以，某次課堂就有一位小孩就說了：馬良也是個「殺人犯」。（無誤！）

前述內容中，我提到了十二年國教國語文領綱的核心概念之一是：「多元文本識讀能力」。

　　依此「文本的多元識讀能力」的概念推演，同一文本，應該允許，也應該支持（甚至鼓勵）學生有不同的解讀與觀點，這才能真的達成語文領域課綱目標之一：

　　「能自行閱讀各類文本，提升理解、欣賞、評析的能力，加強審美與感知的素養。」

　　教，是為了「不再教」；學，是為了「能自學」。

　　親愛的老師，請把解讀文本的權利與機會，還給讀者（學生）吧！

　　未來，他才會有勇氣與信心對文本，乃至於世事萬物，具有自主思辨的能力。

# 02

## 素養導向國語文
## 教學設計原則

# 教材設計的思維

依許育健（2011a）的研究，語文教材的內容架構基本上以「課文」、「知識」、「輔助」與「練習」四大系統所組成。首先就「課文」系統而言，歷來各版本國語課本的撰文或選編是求其精、求其美、求為典範，此乃所有編者致力追求的目標之一。一般而言，課文主要的取材來源有四個，分別為：自我人際、社會文化、自然科學、文學經典。其次，所謂的「知識」系統乃指與語文相關的基本知識，小至筆順筆畫的基本原則、查字詞典的方法，大至閱讀理解策略、寫作指導、古典語文相關知識皆屬之，小學通常安排在課文後的統整單元，中學則散布於題解、作者、注釋、文章賞析等欄目之中。各版本通常會依自身訂定之知識系統循序規劃安排（所以，不同年段若要更換版本，宜考量此點）。

再者，輔助系統類似家居環境中的裝潢布置，為既有的課文與知識進行妝點美化，主要的設計在於各頁面的美術編輯（插圖、插畫、版面設計）及特定人物的提示說明（如翰林版課本經常會出現的可愛圖示「翰翰」和「琳琳」）；此外，亦可見課文下方的字詞安排（以字為主，還是以詞為主？），紙質及課本大小等諸此種種。此方面亦可稱為教科書檢閱時關於「版面設計」或「物理屬性」的相關內容。此部分無疑是師生面對新教材時的「第一印象」，也會是選書時考量的因素之一。

現在就來談談與教學至為相關的「練習系統」如何設計與呈現。

練習系統，主要呈現在課文後面的「課後語文活動」、「單元統整活動」，以及對應課次的「習作」內容。其用意在於由編者依學生語文能力發展序列或該版本設定之知識系統，挑選、組織或設計一些語料（字、詞、句），讓學生聚焦此課或此單元的學習重點。由基本學習原理可知，「簡單的事，重複做，就會形成能力」；所以，編者會設計一些內容讓學

生應用不同的方式來練習字、詞、語、句，乃至於篇章等內容。然而，練習系統的設計還需要兩個元素，才能讓語文教材的品質提升，一個是「趣味」的設計，一個是「漸進」的學習。

以下則內容爲例（翰林版一年級課本）：

圖3　教材之趣味性與漸進式設計原則

首先談趣味的設計。趣味是語文教材的調味料，少了這些味，雖有營養，但難以下嚥。在上圖中，你應該可以看到一些趣味元素，有可愛的卡通圖案（每課都會出現的小人物），還有清楚的積木圖案，讓學生理解字詞組合如積木，可以有不同的組合方式。還有，請注意這些練習的提示語：「這些字像積木一樣，可以疊一疊呵！」以輔助系統設計可愛的圖示「小小羊」對孩子說話，讓孩子擬似互動的學習情境。

其次，是漸進式的內容。近年來在歐美有一本極爲暢銷的課程與教學

專書《重理解的課程設計》（understanding by design, UBD），主要的觀念是以易理解的淺語說明與明晰設計，來漸進釋放其學習內容。其中，示範（presenting）與提示（hinting）很重要，圖3右頁即以示範說明爲主，圖3左頁即於提示之後，再由「小小羊」提問：「沒有積木跟有積木的句子，念起來有沒有什麼不同？」讓學生能進行句子變化的思考。

　　基於上述的四大系統，可知教師在進行語文教學時，必須同時考量課文、知識、輔助與練習等內容的相關性、延續性與進階拓展，讓語文知識得以完整的建構與理解。以下再細談課本與習作的設計原則與教學引導的方法。

## 習作與教學的關係非常密切 ▶▶▶

　　承前所述，可知習作的內容，幾乎就是基本款的「教學內容」。由於各版本教材編纂者通常皆具有一定程度的教學經驗，再基於編寫架構與團隊後討論的結果，即形成學習的基礎且必要的學習內容，就是「習作」的內容。因此，我們可以說，當教師能確切由習作的各大題內容對應至課本的文本訊息，即可梳理出此課的主要教學重點。以下幾點，分享一些課文與習作設計的原則，或許有助於教師對教材的理解，進而更順利的進行教學設計。

## 基本語料（字、詞、語句）的設計原則 ▶▶▶

1. 字的讀音、筆畫、部首與部件等，必須由簡而繁，方法要具體明確（有賴「小提示」與「示例」的輔助）。
2. 詞則依字增生，透過字義的組合理解與比較分析等方法，拓展與延伸。
3. 句要兼顧理解與應用，知道句子的規律，更要知道句子的使用時機。

## 單元統整活動設計原則 ▶▶▶

1. 聆聽／口語表達／識字寫字／閱讀與寫作／語文基本知識等各項能力的單項或統整練習與應用，特別注意前後課（甚至是上下冊別）每個統整活動「序階性」與「螺旋性」的安排，要能承前啓後。
2. 習作宜將統整活動的相關知能無縫的鑲嵌於習作的練習中，於習作延伸設計時，宜套入生活情境，應用所習得之學習策略進行語文問題的解決（如句子的通順正確），或利用語文解決問題（練習寫一封真的信），使之練習鞏固，並能靈活應用。

## 課本與習作的一致性設計原則 ▶▶▶

由課本的附帶練習（如翰林版的「語文百寶箱」）及每單元後的「統整練習」，乃至於習作的各單項內容設計（如：寫國字注音、詞語填空），其設計邏輯上，宜以下四者作爲設計的內在邏輯思路（以「只要」爲例）：

1. 語境理解：「只要」一下雨，我的心情就不好！
2. 應用分析：「只要」的意思是「在某種情況或條件下」，就會可能產生某種的結果。
3. 練習鞏固：請你練習一下以下的句子。「只要……」，「……就……」（套入生活情境，漸進釋放內容）
4. 延伸拓展：請與「每當……」的句子作比較，看看這兩句有什麼相同或不同。（結合舊經驗與新學習進行比較與延伸）

基於上述內容的說明，相信您未來在解讀教材時，能更輕鬆準備；當然，這些原則也可以適用爲自編語文教材的設計。

# 國語文教學模式：新混合教學法

　　常言道：「教雖有法，但無定法。」如此說來，教學就不是科學，而是美學，一切都可自由心證，任憑變化，是嗎？顯然，這是對教學專業的誤解。語文教學是一門專業的領域，因爲沒有適切合宜的教學法，不僅可能事倍功半，也可能徒勞無功。本節將以國語文的基本教學模式「混合教學法」爲主要架構，因應十二年國教課程之理念目標，延展調整爲國語文領域的「新混合教學法」，說明如下述。

## 國語文混合教學與閱讀策略模組 ▶▶▶

　　根據十二年國教國語文領綱之基本理念，其要義爲：「理解本國語言文字，培養語文能力；經由閱讀、欣賞各類文本，開拓生活視野、關懷生命意義；再經由研讀各類經典，培養思辨反省能力，理解文明社會的基本價值，開展國際視野。」簡而言之，即培養學生「多元文本識讀素養」以理解語文，並透過語文理解世界。

　　根據過去諸多的語文教學研究可知，國語文學習領域「混合教學法」，乃由教材文本的趣味性引導切入，透過「聆聽」與「口語表達」引出學生之生活或相關文本閱讀經驗，讓學生感悟文章帶來的趣味，連結並概略理解文本主要內容。其後隨文依序漸次指導「識字」與「詞語理解」（於此簡稱「隨文識詞」[1]），並於內容深究過程中，對句段內容進一步的探究；隨之以形式深究角度引導學生「理解」文本之組織架構或「寫作」技巧等工具性學習內容。最後，透過課後之語文統整練習及習作，鞏

---

1. 由於識字教學時，教師會處理字的「音」與「形」，但字「義」往往結合詞「義」進行教學。是以，字詞教學不宜分別處理，本文基此理念，於課堂教學歷程中之「隨文識字」改稱爲「隨文識詞」。關於此部分之說明，可詳閱第五章識字與寫字。

固與延伸語文知識內容。簡言之，混合教學法乃是整合聽、說、讀、寫多元學習表現，所建構而成之基本語文教學模式，如下圖所示。

概覽主題 ▷ 隨文識詞 ▷ 內容深究 ▷ 形式深究 ▷ 統整練習

圖 4　國語文學習領域混合教學法

　　由上圖可知，語文教學的五大基本區塊為：概覽文本主題、隨文識詞、文本內容之深究、文本形式之深究，最後進行文本重要知能的統整應用練習。因應十二年國教國語文領綱及前節所述，下表試圖整合閱讀策略及素養導向之要求，形成「語文新混合教學法」之節次內容架構表。

表 3　國語文新混合教學法各節次內容

| | 第一節[2] | 第二節 | 第三節 | 第四節 | 第五節 |
|---|---|---|---|---|---|
| 主要教材 | 單元頁<br>課文情境圖<br>課文 | 課文<br>習作<br>生字語詞簿 | 課文<br>習作<br>多媒體素材 | 課文<br>習作<br>多媒體素材 | 統整活動<br>習作<br>補充教材 |
| 混合教學 | 【概覽主題】<br>1. 經驗交流[3]<br>2. 看圖說話<br>3. 朗讀課文 | 【隨文識詞】<br>1.分段概說<br>2.字詞識寫<br>3.習作指導 | 【內容深究】<br>1.段落大意<br>2.關鍵語句<br>3.習作指導 | 【形式深究】<br>1.取材組織<br>2.寫作特色<br>3.習作指導 | 【統整練習】<br>1.延伸補充<br>2.習作指導<br>3.寫作練習 |
| 閱讀策略 | [推論]連結<br>[自我提問]六何<br>[理解監控] | [識字]<br>[流暢]<br>[詞彙]單／擴<br>[理解監控] | [詞彙]上下文<br>[課文大意]<br>　重述／摘要<br>[推論]因果<br>[自我提問] | [詞彙]擴展<br>[課文大意]<br>　文章結構<br>[推論]觀點<br>[自我提問] | [閱讀策略]<br>[理解監控] |

（續下頁）

---

2. 此處雖以「節」區分，但因各年級授課內容重點不同（例如低年級字詞教學時間多，高年級則重讀寫），此「節」應彈性視之。

3. 經驗交流：即透過教師提問（一至二個相關問題），讓學生以個人經驗進行口語交流（聆聽與說話的引導）。

| | 第一節[2] | 第二節 | 第三節 | 第四節 | 第五節 |
|---|---|---|---|---|---|
| 素養導向 | 學習內容：文化／文本 | 學習內容：文字 | 學習內容：文字／文本 | 學習內容：文學／文化 | 學習內容：文字／文本／文化 |
| | 學習表現：聆聽／口語表達 | 學習表現：標音／識字 | 學習表現：閱讀／聽說 | 學習表現：閱讀／寫作 | 學習表現：聽說讀寫 |

## 當「多元文本」遇見「素養導向教學」 ▶▶▶

　　承前所述，十二年國教國語文領綱最重要的目標之一即培養學生「多元文本識讀素養」，以理解語文，並透過語文理解世界。依此，國語文教材也勢必因應而調整之。以翰林版之十二年國教新教材爲例，即規劃了「連續性敘事文本」、「主題性各式文本」及「閱讀理解策略專題文本」等多元文本，讓學生在學期中的不同單元，透過不同類別的文本及練習引導，培養學生「多元文本識讀素養」。簡言之，乃「三合一」爲一組大單元教材，分別爲：故事體、主題類、閱讀文本。

　　每個孩子都愛看故事，故事類文本可引發學生主動閱讀的動機，並提升對敘事文本的理解能力，例如翰林版一年級第一冊第一單元主題「長大了」，分別以「小小羊」（小小羊吃小草，期待自己長大）、「奶奶家」（小小羊找好友小白兔一起去奶奶家）及「種花」（小小羊和小白兔陪奶奶種花）三課爲一連續性的長文，可引導學生提升長篇故事的理解能力。

　　其次，過往語文教材經常依同一主題，並列不同形式的文本，讓學生分別閱讀各篇看似獨立的文本，經由主題統整其核心議題，培養學生之比較分析或批判思考能力。例如翰林版一年級第一冊第二單元主題爲「問問題」，分別以「七彩滑梯」（能不能怎麼樣、有沒有什麼）、「秋千」（是誰怎麼樣）及「回音」（你怎麼樣）等課次，讓學生習得如何適切的以不同的問句進行提問。

　　最後，閱讀文本乃是指以閱讀理解策略爲主的文本。以翰林版一年級第一冊最後一課記敘性文本的「妹妹寫的字」爲例，即是以提示學生運用

「連結」生活經驗的策略，以助於理解此篇課文。總之，本次課綱建議教材宜增列相關文本，以培養不同面向之讀寫能力或閱讀策略，亦可帶入某些重大議題的討論，讓學生拓展其思維，亦領略文學之美。

## 文本類型不同，教學流程亦不同 ▶▶▶

　　文本類型簡稱「文類」，即依某些文本的特性差異而形成不同的類別。文類有別於「文體」，文體是指「文章的體裁」，也就是將文章約略觀之（對，就是概覽），即可判斷其整體形式為何。一般而言，文體可分記敘文、說明文、議論文及應用文等，但這些文體的識別對中小學的學習者而言，並沒有太大的意義（你如果不記得某篇文章是什麼文體，此刻應該不會很難過吧）；相對的，前文所述的「文本表述方式」的辨識（複習一下：記敘文本、抒情文本、說明文本、議論文本及應用文本），更顯重要。因為若一篇文章當前，你無法分辨出第一段是什麼表述方式，第二段又是什麼表述方式，你應該會對自己的語文能力感到懷疑（甚至會懷疑人生……，哦，說遠了）。此部分會在後述的章節課文篇章舉例時，再詳敘。

　　現在且依目前教材常見的「文類」來說明不同類型的文本，教學流程亦不太相同。以下分為「故事類」（以敘事為主要目的的文本）、「主題類」（通常以「單元」的形式將主題相近的文章放在一起），以及本次課綱特別指出應增加的「獨立長文」。

### 故事類

　　以敘事（narrative）為主要目的的文本，通常以「記敘」的表述方式為大宗，某些段落文句帶些「說明」或「抒情」，如曹沖秤象、晏子使楚等文章。故事體宜由文本趣味性切入，透過聆聽與說話引出學生相關生活

或閱讀經驗，接著以「隨文識詞」的方式指導字音、字形及字詞義，然後透過教師的講述或提問引導，以「內容深究」讓學生感悟文章敘事及情節轉折所帶來的趣味，以「形式深究」理解文章中各種的文本表述方式，最後透過故事整體回顧與相關的語文綜合練習爲此類文本進行學習的整理。由於目前以敘事爲主的記敘類文本爲占課本比例最高，此語文教學的模式也是最常見的。

圖 5　故事類教學流程

## 主題類

　　主題類的課文，就是近二十年來主流的小學語文教材組織（沒錯，早期課文都是各自獨立的，不必一定在某單元內，目前的中學教材，大致上也是獨立的單篇），也就是以「單元」作爲主題，將三至四課的內容組織在同一單元內，並於單元後有一部分的單元統整。單元（unit）的組織成核心乃是主題（theme），語文教材的主題大致可分爲四大類：「人際與自我」、「自然與生態」、「社會與文化」，以及「文學與知識」。欲進行四大主題之教學探究，應先瀏覽各課，試就「主題」說明或討論，再進行各單課教學。進入單課後，可依隨文識詞之觀念，依句子、詞語、生字等的梳理與理解，再進行內容深究。內容深究之最後，應引領學生體悟貫穿連繫單課與單元的「議題」（主題是客觀的，議題帶有可議性的批判思考），這是進階的語文學習，亦屬比較閱讀的範疇。其後步驟雷同。

圖 6　主題類教學流程

**獨立長文**

　　依十二年國教國語文領綱之「教材編選」內容，提及課文「自第五冊起得編選800字至2000字的長篇課文。」此舉乃因應近十年來之國際閱讀理解評量，如四年級學生應試PIRLS其文章大抵約在1200字左右；相對於各版本課文大概只在800字左右，顯然單次專注閱讀的篇幅較國際評量短小，恐不符學生須閱讀長文之需求。因此，可以預見的，語文教科書各家版本的教材，應會納入獨立長文及自學長文，亦可讓文章有較多的內容與形式變化，有利於高階語文素養的生成。由於是語文教材，獨立長文的選編應以「文學性」為首要考量（以未修正之名家選文為主），其次再納入自然或人文相關題材（如類似雜誌的科普閱讀等）。是以，此類文本之教學，應淡化字詞教學，以閱讀理解為主，引領學生進行高階語文之「文學感悟」學習。

整體概覽 → 內容深究 → 隨文識詞 → 形式深究 → 文學感悟 → 綜合練習

圖7　獨立長文教學流程

## 國語文新混合教學各節內容梳理 ▶▶▶

　　綜上各類教材文本所述，以下以小學低年級六節語文課的內容為例[4]，將各節課建議的三項主要教學活動列出，供您教學規劃之參考。

―――――――――

4. 國高中的古典詩文教學，可參見本書第八章。

|  | 第一節 | 第二節 | 第三節 | 第四節 | 第五節 | 第六節 |
|---|---|---|---|---|---|---|
| 故事類<br>(連續<br>文本) | 【趣味引導】<br>1. 經驗交流<br>2. 看圖說話<br>3. 朗讀課文 | 【隨文識詞】<br>1.分段概說<br>2.字詞識寫<br>3.習作指導 | 【內容深究】<br>1.段落大意<br>2.關鍵語句<br>3.習作指導 | 【形式深究】<br>1.取材組織<br>2.寫作特色<br>3.習作指導 | 【故事回顧】<br>1.大意梳理<br>2.試說大意<br>3.習作指導 | 【綜合練習】<br>1.習作指導<br>2.延伸補充<br>3.寫作練習 |
| 故事類<br>(並列<br>文本) | 【主題試說】<br>1. 經驗交流<br>2. 主題思考<br>3. 朗讀課文 | 【隨文識詞】<br>1.分段概說<br>2.字詞識寫<br>3.習作指導 | 【內容深究】<br>1.段落大意<br>2.關鍵語句<br>3.習作指導 | 【議題探究】<br>1.全文梳理<br>2.文章主旨<br>3.習作指導 | 【形式深究】<br>1.取材組織<br>2.寫作特色<br>3.習作指導 | 【綜合練習】<br>1.習作指導<br>2.延伸補充<br>3.寫作練習 |
| 閱讀<br>文本 | 【整體概覽】<br>1. 快速默讀<br>2. 內容略說<br>3. 問題思考 | 【內容深究】<br>1.段落大意<br>2.關鍵語句<br>3.習作指導 | 【隨文識詞】<br>1.分段概說<br>2.字詞識寫<br>3.習作指導 | 【形式深究】<br>1.取材組織<br>2.寫作特色<br>3.習作指導 | 【文學感悟】<br>1.關鍵句段<br>2.表達感受<br>3.習作指導 | 【綜合練習】<br>1.習作指導<br>2.延伸補充<br>3.寫作練習 |

經驗交流：即透過教師提問，讓學生以個人經驗或知識進行口語交流（即聆聽與說話引導）。

# 素養導向國語文教學設計原則

## 四項原則 ▶▶▶

　　無論是十二年國教國語文領綱所言或本書著述之宗旨，皆設定語文教材編撰及語文教學設計應以培養學生具有「語文素養」為目的。觀諸眾多論述研究可知，素養導向國語文教材設計的原則，乃是於教材或教學過程中布置「生活情境」，適切融入文本重點及相關語文知識，進而將之延伸至語文相關的「問題解決」，並應用相關「學習策略」於跨域的學習之中。以下簡要說明之：

## 1. 生活情境

文本教材的選擇或語文教學設計，皆應建構於實際可能發生之語文「生活情境」，讓學生的生活經驗與文本能銜接整合，讓語文相關知能皆可「還原」為生活中的各種大小事，充分展現「語文無所不在」的特性。例如在課前向學生提問，是否有類似的生活經驗或心情困擾。

## 2. 語文知識

無論「素養」一詞如何被詮釋或定義，語文基礎的學科知識，例如字、詞、句、段、篇等，依然是語文素養堅實的基礎。因此，在教材的各項練習中，透過教師的引導或師生的互動，讓學生理解「語文知識」的內容，依然有其必要。因為語文不僅是其他學科的基本工具，語文學科自身即包含大量既深又廣的知識與能力。

## 3. 問題解決

語文既然來自生活，當學生透過生活情境理解了語文知識的各種面貌，如果可能，應於課本或習作中，布置學生可能面對或存在相關的問題，讓學生能活用語文學習的成果，來解決自身相關，甚至他人的問題。如寫卡片關懷他人或寫信交流溝通。

## 4. 學習策略

語文既是社會生存的基本能力，也是跨域學習的重要基礎。語文諸多學習策略的習得，也可應用於其他學習領域的學習。惟有學習策略，方能讓學生在未來面對類似情境或問題，遷移活用，讓學生不僅是「學習語文本身」，也能「透過語文學習」，充分發揮「語用」的語文教育目的。例如學生要練習自然科展的海報製作，即需引用語文學科內如何撰述說明性文本的能力。

基上所述，僅以此金字塔圖示表示四者密切的關係，並作為素養導向國語文教學設計的主要原則示意圖。

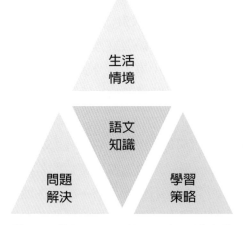

圖 8　素養導向國語文教學設計原則金字塔

## 三部曲 ▶▶▶

　　承前所述，若能秉持上述四原則進行教材與教法上的轉化，便能呈現素養導向之國語文教材編選或國語文教學活動。然而，就教學設計的角度而言，是否有更為明確的步驟呢？以下就筆者的觀察與經驗，提出素養導向國語文教學設計三部曲：「生活情境、任務引導、應用延伸」，供教學者參考。

### 1. 生活情境

　　日常生活中，語文是最重要的理解與表達的工具，無論是聽、說、讀或寫，皆是在各式各樣的生活情境中發生。因此，欲進行素養導向國語文教學設計，必須透過文本分析，對於文本與生活情境之間，建立某些的連結。例如：沈復的《浮生六記》那耳熟能詳的一段：「余憶童稚時，能張目對日，明察秋毫。見藐小微物，必細察其紋理，故時有物外之趣。……」

教師便可因應設計一道提問：「還記得自己小時候對許多事物都很好奇，某些別人沒注意的事物是否曾經引起你的注目，甚至仔細觀察理解呢？」提問於此，相信必有學生可以回應自己曾經發生過的事，作為「入課」的開端。

## 2. 任務引導

當我們由生活情境導入文本理解之後，便可將備課時所摘取聲析之學習重點，轉化為不同的任務。一般而言，無論小學的40分鐘，或是中學的45分鐘，皆建議一節課能將文本重點轉化為5至8個大小不同的任務（可以是選擇判斷、語句配合、句段排列、填充接句、表格整理、問答簡述等）。可能是提問後學生討論回答，也可能是提問後小組討論分享，也可以要求學生完成某項學習任務，例如：「請自己閱讀《浮生六記》一文，挑出3至5個自己最無法理解或不太確定意思的語詞，5分鐘後，和小組同學討論。」諸此任務安排，依其難度及小組參與度而設計不同的教學時間與程序。特別提醒的是，需要小組討論的任務不能安排過多，一節課以2至3個任務為原則；此外，須搭配教師講解（這還是很重要的！），全班討論，自我思考，或者兩兩討論等不同形式的學習活動，方能整合聽說讀寫等不同學習表現於語文課堂之中。

## 3. 應用延伸

若以一節40分鐘的教學活動而言，筆者建議約以5分鐘左右進行「生活情境」的引導討論，接著30分鐘左右安排3至5項學習任務，最後的5分鐘應該設計該語文知識或能力可應用之問題情境，或者進行相關議題之延伸探究。例如：「讀完了《浮生六記》，是否可以模仿沈復行文的架構及描摹的方法，寫一篇屬於自己的兒時記趣呢？」

圖 9　素養導向國語文教學設計　三部曲

　　綜上文及此圖所示，建議教師備課時，可依「生活情境」（教師導引）、「任務引導」（個人探究理解或小組合作學習），以及「應用延伸」（回顧學習或展現創新）等三部曲，作為語文教學設計時的思考與步驟。

## 任務設計與提問思考 ▶▶▶

　　有別於教師持續的講述，近年來各領域皆提倡「以生為本」的教學模式，語文領域教學自不能除外。許多研究指出，學生持續聆聽教師講述的專注力並不長（是的，大概只有5至8分鐘左右，接著就開始下滑，15分鐘大概學習效率就大量減弱了），教學活動的設計必須調整為「任務設計」，透過教師預先設置不同層次的提問設計，以問題來引導思考與學習，便有賴問思教學模式，如下圖（可參見拙著《高效閱讀：閱讀理解問思教學模式》）。

圖 10　問思教學模式

　　基本教學模式確定後，必須注意到各項任務的性質，在活動中合宜的搭配。一般而言，單一任務可分為三個部分：任務揭示、提示引導、學習展現。

1. 任務揭示

　　即要依文本分析結果確定任務，並具體向學生揭示任務，例如：請問本課如果依故事的情節變化，全文的自然段能歸併成多少「意義段」？

2. 提示引導

　　教師可依學生的狀況或差異性，對小組或個別學生以某些提示引導其任務的解決。例如：如果你不知道如何歸併，想一想以前老師曾經說過的「衝突──抉擇──行動──結果」故事情節的組成元素，也許能助你完成這個任務。

3. 學習展現

　　以語文學習而言，學習展現的主要方式有三種形式：口語表達、文字

書寫或操作演示。例如,請以表格整理出各意義段的主要內容,並說明故事的轉折之處在哪裡。

任務揭示 ➡ 提示引導 ➡ 學習展現

圖 11　單一活動任務的設計

## 跨領域的語文教學設計 ▶▶▶

　　依十二年國教國語文領綱於實施要點之「課程發展」一節的說明,國語文課程應著重學生生活與語文學習經驗的「連貫性」、各學習階段的「銜接性」、其他學習領域的「統整性」、學生個別的「差異性」、學習內容與方式的「多元性」,以及日常生活的「應用性」。其中,與其他學習領域的統整性(簡稱為「跨領域」),即是語文教學設計過程中,必要的思考之一。然而,語文欲跨越至其他領域,必須由教材分析作為起點,再考量其他相關學習領域之統整、連貫及學習策略等內容,說明如下:

### 語文為其他領域理解與表達的基礎與媒介

　　「語文」一詞,概可簡要區分為「語音」與「文字」二者。當學生在學習諸如數學、社會、自然、健康與體育、藝術,乃至於綜合活動等學習領域時,聆聽與口語表達的能力,即可協助他進行以「語音」為媒介的學習(就是口頭說明與表達);同樣地,識字、閱讀與寫作能力,即可顯現在以「文字」為媒介的學習歷程上(即以文字作為表達的工具)。因此,語文作為不同學習領域理解與表達的重要基礎,不言可喻。以翰林版教材第一冊習作所列的一首詩為例:「一去二三里,煙村四五家,亭台六七座,八九十枝花」。

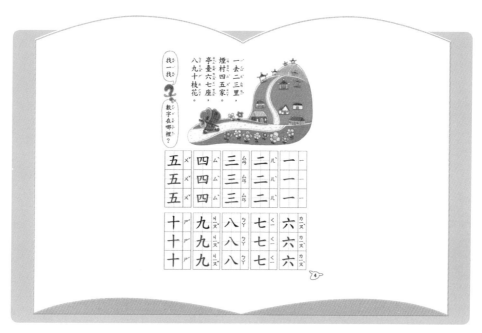

圖 12　語文與數學、社會領域整合的教材設計

　　此教材主要是希望學生學習一二三等中文數字其筆畫的書寫；然而，此詩的引導即包含了一至十的數字序列概念，煙村亭台等社會文化知識，與花朵相關的自然領域的內容，亦即，語文本來就是各學習領域整合與呈現的最佳媒介，語文學習的同時，即可進行其他學習領域的學習。

### 透過語文更「理解世界」的萬千美好

　　語文教材雖以語文基本知識為軸，但編者於編撰教材的過程中，皆能考量教材與學生生活經驗的連貫性，從主題的訂定，乃至於課本及習作內容的編寫，皆以生活密切連繫為原則。茲再以翰林版第一冊的三個單元為例，第一單元「長大了」緊緊扣連學生剛入小學時，面對學習與生活方式的變化，並以「連續性文本」（三課為同一個故事）符應學生喜歡敘事文本的心理需求。

第二單元「問問題」則體現學生對各項新鮮事物的好奇心，於此特別以不同內容、相同主題的文本，提供學生自然環境的經驗連結，如花、草、大海、太陽、月亮等。

最後一單元「過新年」更是密切結合即將到來的春節習俗，讓學生可觀察生活，並以語文與社會學習領域自然整合，讓學生以語文認識生活，生活中亦充滿語文。

由此可知，仔細分析語文教材與其他領域關聯之處，即可在課程規劃或教學設計時，進行跨領域的學習與引導。

### 語文學習策略應用於其他領域的學習

依十二年國教國語文領綱之各項學習表現分析，可知無論於聆聽、口語表達、識字或閱讀理解，乃至於寫作等方面，皆有相關的學習策略，例如：

1-I-3 能理解話語、詩歌、故事的訊息，有適切的表情跟肢體語言。

2-I-3 與他人交談時，能適當的提問、合宜的回答，並分享想法。

3-I-3 運用注音符號表達想法，記錄訊息。

4-I-2 利用部件、部首或簡單造字原理，輔助識字。

5-I-6 利用圖像、故事結構等策略，協助文本的理解與內容重述。

6-I-2 透過閱讀及觀察，積累寫作材料。

依當代的語文辭典的釋義，策略一詞乃指「計畫或謀略」，是一種發於未發之時的想法或計畫。由前述摘列的幾項學習表現可知，在面臨與語文相關的生活情境時，應能先「思考判斷」，其次「選擇運用」相關知識或方法，最後方可「問題解決」。因此，各家版本的語文教材無論在課文內容，或在習作練習的設計，應課綱的要求，皆非常重視相關方法與策略的理解、操作與應用。期盼學生在語文所習得之策略，亦能觸類旁通，應用於其他學科領域之中。例如，語文所習得之「摘要」策略，大致乃透過「標題」或「關鍵詞」的釐析與整理文本的要義，此策略當然可以用於自然與社會等不同學習領域之中，達到「學以致用」的素養導向教學目標。

行文至此，已經將素養導向國語文教學設計的原則簡要介紹完成，以下將呈現一教學示例，供實務現場教師參酌。

 素養導向國語文教學示例：〈記承天夜遊〉

近來教育界因應十二年國教的實施，各類研習最火紅的關鍵詞就是「核心素養」。落實在國語文教學設計上，就稱之為「素養導向國語文教學設計」。承上對素養導向的原則說明，您應該會好奇，這樣的教學設計應該是呈現什麼樣的面貌呢？以下便以大家皆耳熟能詳的蘇軾〈記承天夜遊〉為例，說明素養導向國語文教學設計的四項原則，供作教學參考。

## 上課了！▶▶▶

**1** 準備活動：經驗連結

教師提問：「各位同學好，有沒有晚上在戶外、街上或公園散步的經驗呢？」

此時，學生應該會七嘴八舌的說他們曾經在晚上做了些什麼事，或發生什麼有趣的事。

教師接著問：「那麼，有沒有臨時起意，結伴同行的情況下，在戶外散步的經驗呢？」應有一些學生會點頭示意。

「也許，那時候，夜已深，人也少，一切都那麼安靜，你會有什麼感受呢？」教師再把情境提示得更具體些。

「如果，你剛好也有些煩心的事，你的感受又會有什麼不同呢？」

此時可讓一二位學生再簡要說說自己的經驗，便要引入主題了。

**2** 發展活動：理解文本

「讓我們來讀一讀，某人在某個夜裡，發生的一件事……」

教師請學生朗讀，並隨機指正讀準字音，如樂、荇等。

> 　　元豐六年十月十二日夜，解衣欲睡，月色入戶，欣然起行。念無與為樂者，遂至承天寺尋張懷民。懷民亦未寢，相與步於中庭。庭中如積水空明，水中藻荇交橫，蓋竹柏影也。何夜無月，何處無竹柏？但少閑人如吾兩人耳！

完成後，教師說：「請你自己再次默讀全文，必要時可參考注釋，想想這文章大概說了什麼？二分鐘後，會隨機請一位同學回答。」

抽點幾位學生用一兩句話概說全文。學生須能說出主要的事件內容。

教師提問：「如果我想把這段文字，分成三部分，你們會如何區分呢？請小組討論。」

給小組一分鐘討論，隨後點組試說區分結果及理由。如果學生無法明確具體說出理由，可以補充下列提示。

　　「如果這段文字的三部分，有感受、景物、敘事，你們會如何標示呢？」

　　通過實際的標示與討論，學生應可理解這篇文章的主要內容與架構。

　　教師小結：原來，這短短八十四個字，就表達了作者敘寫事物與表達感受的完整內容。

　　接下來，教師要依文序引導學生理解與詮釋重要語句，可提出如下的問題：

　　「在那個夜晚，他為何欣然起行？」（月色入戶）

　　「起行之後，他又做了什麼事？為什麼是張懷民？」（尋張懷民）

　　「和懷民一起散步，看見了什麼？」（庭中月色）

　　「積水空明是形容什麼？藻荇交橫又是指什麼？」（月光與物影）

　　「見了此景，他發出什麼感慨？」（少閑人如吾兩人）

　　當我們帶學生再次梳理文中的語句，即可感受作者的由事至景，由景至情，自然而暢達的敘寫手法。

　　為使學生理解層次更為提高，即可問出本文最核心的語詞：「讀完此文，大家來說說什麼是閑人？」學生可先分組討論，再讓學生說一說他們從文中感受到的「閑人」是什麼。

　　討論至此，再請學生對照文本，透過簡要說明作者蘇軾當時的境況（謫居黃州過著農夫的生活），請學生再次體會：「當我們看完關於蘇軾的介紹，你對閑人有沒有更深刻的體會與感受？」

　　讓學生再次充分發言。

**❸ 綜合活動：回顧評估**

　　「看完這篇文章後，請你回想，當你的生活中，發生或存在不愉快的事，你會像東坡先生一樣嗎？或者，你會做些什麼事來調適自己的心情？」

請學生自我思考，並把自己的想法與作法寫下來。

接著在小組內分享，讓每個人可以在小組內試說自己對此提問的回應。

「有沒有人想要和大家分享，關於你自己一些事，以及你如何解決？」

自由發表，老師可以給予鼓勵與支持：每個人難免有不愉快的境況，求人不如求己，或許我們可以試著調適自己的心情，做些自己喜歡的事，我們也可以和東坡先生一樣「無處而不自得」。

下課前，指定讀寫結合的習作：「請模仿本文架構，敘事——寫景——感受，把剛才發表的內容試寫成一篇小短文。」

## 由示例回顧設計原則 ▶▶▶

通過前文的教學示例說明，不知道您是否能理解素養導向的國語文教學設計原則？再次言之，就是「生活情境」、「語文知識」、「問題解決」、「學習策略」。

在準備活動與綜合活動的教學設計都應該建構「生活情境」，讓學生的生活經驗與文本能銜接整合，讓學科的內容「還原」為生活中的各種大小事。其次，無論「素養」一詞如何被詮釋或定義，學科知識依然是素養堅實的基礎。因此，在發展活動中，透過師生的互動，讓學生理解「語文知識」的內容（如其字詞句的理解），依然有其必要。

再者，學科既然來自生活，當學生透過生活情境理解了語文知識的各種面貌，如果可能，應思考與布置學生可能面對或存在相關的問題，讓學生能活用語文學習的成果，來解決自身相關，甚至他人的問題。

最後，學習策略的習得，也是素養導向教學必須關注的重點。惟有學習策略，方能讓學生在未來面對類似情境或問題，遷移活用，充分發揮「語用」的語文教育目的。

# 【遇見‧語文素養】 文本分析為教學設計的基本功

　　曾經，我以文獻整理與焦點座談的方式，探究目前國語文領域的教學困境；結果，一如所料（我相信您也猜到了），「教學時數不足」占居首位。

　　如果以今昔相較（如果您任教超過20年，感受更深），過去在《國語課程標準》的時代（1975年與1993年各頒布一次），教學時數為每週10節，而今課程綱要規範約每週5至6節，總時數減少了許多（約40%至50%）。再從教科書使用的角度視之，國編本的國語課文每冊有24至30課之多，九年一貫課程各版本大概每冊為16課。

　　換言之，若以每學期20週來算，扣除了開學、段考、期末等時間約2週，以前大概每課可以上6至7節，現在每課只能5至6節。連單課的教學時間也變少了。

　　面對這樣的條件變化（尚不含許多額外的配合行政或班級事務），教學時數不足成為語文教師的困境之首，也不足為奇了。

　　在回應這個問題之前，先讓我們穿越時空，回想英國教育哲學家H. Spencer要我們時刻思考的問題：「什麼知識最有價值？」（What knowledge is of most worth？）放諸國語文教學思維之內，即轉化成：「什麼樣的語文知識或能力最值得傳授給學生？」

　　因此，在時間有限，且以國語教科書為主要授課內容的條件之下，我們可以輕易的發現「備課」核心思考在於：如何分析教材文本（含課本及習作），掌握重要知識與關鍵能力，在有限的時間內，以有效的方法，引導學生思考與學習。

以語文教學的面向視之，每一篇國語課文，至少可以審視其「工具」（即字詞句段篇的語文知識）、「文學」（即語言文字呈現的美學蘊涵）、「文化」（即文本中所承載的社會人文內涵）；此外，更要思索文本所支持的語文能力習得為何，亦即是否能透過文本取材，習得聽、說、讀、寫等基本能力，展現於生活中，並成為各學科領域的學習基礎，結合相關的情意、態度，這也就是所謂的「語文素養」。

　　由上可知，文本分析，是語文教師解決教學時數不足之困境的首要能力。因為，時間有限，所以必須教重點；因為，重點很多，所以要懂得取捨。

　　理想的狀況是，透過學校國語文專業社群（或同年級教師）的共同備課，將分析所得到的教學重點與難點羅列，思考本校學生的能力狀況，分別標示排列出教學內容的「主、次；輕、重」，知取捨，循序安排，方能進行國語文有效教學。

　　於是，回到問題「教學時數不足」的解決途徑，除了「增加」教學時數（相信我，這難度很高；因為課程本身就是政治，M. Apple如是說），更積極有效且可行的作為是：提升自己的文本分析能力，尋找共學互享的夥伴，讓每一堂語文課都展現教師從容而自信的專業。

# 03

## 聆聽與
## 口語表達

# 學習表現與學習內容

　　語文課程綱要之學習重點揭示了該主軸的學習表現（學生在此向度應有的表現）與學習內容（學生應該學習的內容），以下呈現十二年國教國語文領綱所列內容，建議邊閱讀邊圈劃關鍵詞語，有助於其後教學設計思維的建構。

## 聆聽　學習表現 ▶▶▶

| 學習階段 | 學習表現 |
|---|---|
| 第一學習階段 | 1-I-1 養成專心聆聽的習慣，尊重對方的發言。<br>1-I-2 能學習聆聽不同的媒材，說出聆聽的內容。<br>1-I-3 能理解話語、詩歌、故事的訊息，有適切的表情跟肢體語言。 |
| 第二學習階段 | 1-II-1 聆聽時能讓對方充分表達意見。<br>1-II-2 具備聆聽不同媒材的基本能力。<br>1-II-3 聽懂適合程度的詩歌、戲劇，並說出聆聽內容的要點。<br>1-II-4 根據話語情境，分辨內容是否切題，理解主要內容和情感，並與對方互動。 |
| 第三學習階段 | 1-III-1 能夠聆聽他人的發言，並簡要記錄。<br>1-III-2 根據演講、新聞話語情境及其情感，聽出不同語氣，理解對方所傳達的情意，表現適切的回應。<br>1-III-3 判斷聆聽內容的合理性，並分辨事實或意見。<br>1-III-4 結合科技與資訊，提升聆聽的效能。 |
| 第四學習階段 | 1-IV-1 以同理心，聆聽各項發言，並加以記錄、歸納。<br>1-IV-2 依據不同情境，分辨聲情意涵及表達技巧，適切回應。<br>1-IV-3 分辨聆聽內容的邏輯性，找出解決問題的方法。<br>1-IV-4 靈活應用科技與資訊，增進聆聽能力，加強互動學習效果。 |
| 第五學習階段 | 1-V-1 面對不同的聆聽情境及文化差異，正確分析話語的訊息，並給予適切的回應。<br>1-V-2 聽懂各類文本聲情表達時所營構的時空氛圍與情感渲染。<br>1-V-3 能辨別聆聽內容的核心論點、議論立場及目的，並加以包容與尊重。<br>1-V-4 聆聽傳播應用文本並妥善運用，以加強人際溝通，提升生活品質。 |

由上綜合視之，聆聽學習表現首重聆聽良好的態度，其次是能聆聽不同媒材，能理解內容，並能適切回應；此外，對於不同話語情境，可分辨其切題與否；聽出情感等，以提升人際溝通的能力。

## 口語表達　學習表現 ▶▶▶

| 學習階段 | 學習表現 |
|---|---|
| 第一學習階段 | 2-I-1 以正確發音流利的說出語意完整的話。<br>2-I-2 說出所聽聞的內容。<br>2-I-3 與他人交談時，能適當的提問、合宜的回答，並分享想法。 |
| 第二學習階段 | 2-II-1 用清晰語音、適當語速和音量說話。<br>2-II-2 運用適當詞語、正確語法表達想法。<br>2-II-3 把握說話的重點與順序，對談時能做適當的回應。<br>2-II-4 樂於參加討論，提供個人的觀點和意見。<br>2-II-5 與他人溝通時能注重禮貌，並養成說話負責的態度。 |
| 第三學習階段 | 2-III-1 觀察生活情境的變化，培養個人感受和思維能力，積累說話材料。<br>2-III-2 從聽聞內容進行判斷和提問，並做合理的應對。<br>2-III-3 靈活運用詞句和說話技巧，豐富表達內容。<br>2-III-4 運用語調、表情和肢體等變化輔助口語表達。<br>2-III-5 把握說話內容的主題、重要細節與結構邏輯。<br>2-III-6 結合科技與資訊，提升表達的效能。<br>2-III-7 與他人溝通時能尊重不同意見。 |
| 第四學習階段 | 2-IV-1 掌握生活情境，適切表情達意，分享自身經驗。<br>2-IV-2 有效把握聽聞內容的邏輯，做出提問或回饋。<br>2-IV-3 依理解的內容，明確表達意見，進行有條理的論辯，並注重言談禮貌。<br>2-IV-4 靈活運用科技與資訊，豐富表達內容。<br>2-IV-5 視不同情境，進行報告、評論、演說及論辯。 |
| 第五學習階段 | 2-V-1 以邏輯性語言精確說出各類文本的文體特質、表現形式與題材內容。<br>2-V-2 討論過程中，能適切陳述自身立場，歸納他人論點並給予回應，達成友善且平等的溝通。<br>2-V-3 鑑別文本中立場相異的評述，說出個人見解，表達其中觀點相異之美。<br>2-V-4 樂於參加討論，分享自身生命經驗及對文本藝術美感價值的共鳴。<br>2-V-5 運用各類表演藝術的形式，進行文本的再詮釋。<br>2-V-6 關懷生活環境的變化，同理他人處境，尊重不同社群文化，做出得體的應對。 |

口語表達的學習表現著重在表達的技巧（包含正確發音、語意完整通順等），各式表達的內容的練習，表達的態度等。尤其對於對話、討論、會議、報告、評論、演說及論辯等內容，都可以利用不同情境練習，並適時應用，以呈現良好的語文素養。

## 聆聽與口語表達　學習內容 ▶▶▶

由於十二年國教國語文領綱學習重點之學習內容，分為文字篇章、文本表述及文化內涵三者。筆者仔細檢閱課綱之學習內容，可發現此部分並未針對聆聽（語音的理解）或對口語表達（以語音來表達）二者，條列其學習內容。於此，本文將不一一羅列相關重點。

然而，依語文交流的視角切入（句子是人際溝通的基本單位），則可摘取「句子」、「段篇」及相關文本，作為聆聽與口語表達的基本材料。依課綱所列之學習內容，可知無論是聆聽或口語表達，可著重以下內容：

一、句段

| 學習階段 | 學習內容 |
|---|---|
| 第一學習階段 | Ac-I-3 基本文句的語氣與意義。 |
| 第二學習階段 | Ac-II-4 各類文句的語氣與意義。 |
| 第三學習階段 | Ac-III-3 各種複句的意義。<br>Ac-III-4 各類文句表達的情感與意義。 |
| 第四學習階段 | Ac-IV-3 文句表達的邏輯與意義。 |
| 第五學習階段 | Ac-V-1 文句的深層意涵與象徵意義。 |

以聆聽與口語表達的角度而言，可以知道文句表達時應注意語氣、意義、情感、邏輯，甚至是其深層意涵與象徵。

## 二、篇章

| 學習階段 | 學習內容 |
|---|---|
| 第一學習階段 | Ad-I-1 自然段。<br>Ad-I-2 篇章的大意。<br>Ad-I-3 故事、童詩等。 |
| 第二學習階段 | Ad-II-1 意義段。<br>Ad-II-2 篇章的大意、主旨與簡單結構。<br>Ad-II-3 故事、童詩、現代散文等。 |
| 第三學習階段 | Ad-III-1 意義段與篇章結構。<br>Ad-III-2 篇章的大意、主旨、結構與寓意。<br>Ad-III-3 故事、童詩、現代散文、少年小說、兒童劇等。<br>Ad-III-4 古典詩文。 |
| 第四學習階段 | Ad-IV-1 篇章的主旨、結構、寓意與分析。<br>Ad-IV-2 新詩、現代散文、現代小說、劇本。<br>Ad-IV-3 韻文：如古體詩、樂府詩、近體詩、詞、曲等。<br>Ad-IV-4 非韻文：如古文、古典小說、語錄體、寓言等。 |
| 第五學習階段 | Ad-V-1 篇章的主旨、結構、寓意與評述。<br>Ad-V-2 新詩、現代散文、現代小說、劇本。<br>Ad-V-3 韻文：如辭賦、古體詩、樂府詩、近體詩、詞、散曲、戲曲等。<br>Ad-V-4 非韻文：如古文、古典小說、語錄體、寓言等。 |

　　此處所指涉的就是聆聽與口語表達時的各式內容重點，如大意、主旨、結構、寓意、分析與評述；以及內容類別，如故事、童詩、現代散文、少年小說、兒童劇、古典詩文、古文、古典小說、語錄體等。然而，整體而言，這些內容比較接近「閱讀」（書面語言）時的文本重點與類別；與「聆聽與口語表達」時主要的文本不太相同，聽說通常以「口頭語言」為主。

　　除上述文字篇章之外，課綱中的學習內容尚包含文本表述與文化內涵兩大項。但其內容與閱讀或寫作的學習表現較為相關，待閱讀一章詳細列敘。

# 聆聽教學　觀念、方法與原則

## 聆聽教學的指導重點 ▶▶▶

　　一直以來，可能是受到升學考試的影響，聆聽（或口語表達）的教學與評量，相較於識字、閱讀、寫作等，較被忽視。也許就生理的角度而言，聽覺是與生俱來的（初生兒視覺可能尚未發展成熟，但聽力幾乎等同於大人），無須學習。然而，就心理的角度而言，聽話是大腦將聽覺訊息解碼進而理解，乃至於評價思考的過程。這其實尚需學校實施有系統的聆聽教學，方能讓聆聽的歷程更為精緻、有效能。

　　語文一詞，可拆分為語音與文字，因此，語文教育應包含「口頭語音」的聆聽能力和表達能力，以及「書面文字」的閱讀能力和寫作能力。再從另一角度來說，「聆聽」與「閱讀」可視為語文學習主要的訊息輸入來源，「說話」與「寫作」則是語文學習中主要的訊息輸出方式。依此，聆聽與閱讀的認知歷程有相當程度的相似之處，都涉及了基本的記憶、理解與評估的歷程；甚至，兩者相較，由於「語音入耳」無法如「文字入眼」般可以「回視再認」（閱讀時，文字一直都在眼前；但聆聽時，語音卻無法在耳內停留）。因此，有學者亦指出，聆聽貌似天生自在，但其實是一項複雜而精緻的能力。

　　回到教學面，聆聽既然是複雜的技能，教師該如何指導呢？羅秋昭（2007）認為低年級學生即須養成聆聽的習慣，要指導學生聆聽時眼睛要注視對方，並以點頭或微笑，一方面可表示專心的態度，另一方面也是尊重他人的表現。另外，教師要隨時提問，掌握學生的注意力，並可促進學生理解重點。或者，可運用遊戲操作或肢體配合的方法，使學生專心注意：例如在聆聽「小紅帽」的故事時，聽到「小紅帽」就摸摸頭，聽到「大野狼」就摸摸鼻子。就指導者角度而言，教師要善用肢體語言，引起

學生喜歡聽話的興趣；老師上課時聲音要宏亮，動作講解要明顯，若加上豐富幽默的語彙，則更可吸引學生專心聆聽。

至於聆聽的具體指導重點，其實自1975版年的國小課程標準中即已經提出，依陳正治（2008）的整理如下：在聽的態度上，要專心傾聽，尊重別人意見，別人說話不中途插嘴；在聽的內容上，能聽懂別人說的話，能區辨別人的話語是「意見」或「事實」，能從說話者的語氣和表情態度中，判斷說話者是否為真意（或是應付的言辭），能把握說話內容的中心思想，能記取內容要點。此外，在聽出表達技巧上，要能聽出說話者發音是否標準，詞彙使用是否妥當，語法是否正確，採用什麼方式表達，說話者的表情是否配合內容等。

依此聆聽能力重點，王萬清（1997）提出聆聽教學具體的教學策略，諸如：

1. 聽寫訓練——可分為注音符號聽寫、語詞聽寫、記憶聽寫、重點聽寫。其中重點聽寫可分為內容摘要與「六何」重點聽寫等。
2. 依指示做動作——分為簡單動作反應（聽一指示，做一動作）與連鎖動作反應（聽有程序性的指令，做出程序性的動作）。
3. 專心傾聽的態度——包括兩眼注視對方、點頭示意、接續對方話語、身體微微前傾等。
4. 複述內容——分為原句複述、任務程序複述等。
5. 換句話說——聆聽之後，以自己的理解與話語重新說明。
6. 聽出言語中的感情——聆聽後，提問「你是不是覺得……」。
7. 聽出言語中的假設——聆聽後，提問「你認為……」。
8. 聽出言語中的事實和臆測——可區別出事實性與猜測性語言的不同。

何三本（2002）亦歸納聆聽教學的兩項重點為，聆聽的能力與聆聽的思維。聆聽能力，包含語音辨識、聽的記憶力、聽記筆記、限時筆記等；

聽的思維，則包含把握中心重點、聽記摘要、聽問作答、聽話推理能力等。

綜合上述內容，整理聆聽教學原則，可分為以下七點：

1. 隨機教學、聯絡教學——結合聽說、聽讀、聽寫、聽做。
2. 聽得正確、清楚、順序、層次。
3. 掌握主要內容或中心思想。
4. 能分辨語氣、聽出語病，並判斷訊息正確性。
5. 聽說結合教學，宜注意先聽後說。
6. 能複述重點，並能有條理的回答問題。
7. 注意舊經驗的連結與聆聽思維的訓練。

## 聆聽教學的指導重點 ▶▶▶

學習評量乃依學習重點而定，以聆聽態度為例，教師可採用討論的方式，讓兒童列舉出聽說的各種行為語言，不同的行為反映兒童聆聽的態度，如兒童低頭，表示別有用心；動來動去，表示不耐煩；趴在桌上，表示很疲倦；東張西望或交頭接耳，表示不專心；打呵欠、打瞌睡，表示無聊、疲憊；老僧入定、面無表情，表示心不在焉等。相對地，如果是眼光注視說話的人，表示專心聽講；隨著說話人的語意，流露相同的表情，表示集中注意力或感動；臉露微笑，表示讚賞或鼓勵；偶爾點頭，表示同意或讚佩等。在師生討論過後，即可採遊戲的方式，找人猜出扮演不專心的人，如此學習後，即可對「聆聽」產生具體初步的概念與了解（陳正治，2008）。

此外，馮永敏（2001）針對語文課程綱要的能力指標，提出教學序列表，亦可作為聆聽教學評量指標參考。

| 年級 | 聆聽評量指導 |
|---|---|
| 一年級 | 能聽懂別人說的一段話和一件事。<br>能聽懂老師的提問和同學的回答。<br>聽話能集中注意力，認真不插話。 |
| 二年級 | 能聽得正確別人說的一段話和一件簡單的事，並能複述基本內容。<br>能認真聽別人講話，認真思考。<br>能禮讓長者先發言。 |
| 三年級 | 能聽懂別人說的一件事，並能轉述內容，對不理解的問題能夠提出。<br>能聽懂廣播、錄音帶等，聽故事能邊聽邊想像。<br>把聽到的重要意思記住，再說出來。<br>能把聽到的內容，邊聽邊記下來，20分鐘能記150分。 |
| 四年級 | 能聽懂話語內容、體會思想感情，能聽出話中的錯誤。<br>能聽辨國語與鄉土語言。<br>能聽懂別人講話，理解主要內容並歸納要點。<br>養成專心聽、認真思考的習慣，20分鐘能記200-250分。 |
| 五年級 | 能聽不同媒材，轉述主要內容或記錄細節要點。<br>認真思考別人的講話，並有自己的想法。<br>從聽不同媒材中吸收資訊，豐富詞彙。 |
| 六年級 | 能聽不同媒材，作出中肯的評斷和分析。<br>能用系統歸納的方法，理清順序，正確領會別人談話的中心思想。<br>能邊聽邊找出別人說話的精華的地方。 |

　　綜上所述，聆聽的評量重點可歸納如下：1.聆聽的態度；2.聆聽的專注程度；3.聆聽的正確與否；4.聆聽到主題大意；5.聆聽到重要內容；6.領會聆聽內容的主旨；7.對聆聽內容的價值判斷；8.聽出說話的技巧。若依課程綱要所示，聆聽的三大重點為：聆聽的態度、聆聽的方法及聽出說話技巧。

　　接著，來談聆聽的評量原則。大部分評量展現的途徑，不外有三：口語、寫作及實作；所以，聆聽的評量方式大抵可分為「聽說」、「聽寫」及「聽做」。其重要原則與方法如下：

### 掌握評點，分項評量

可依年級與教材性質，分次分項將聆聽能力拆解成不同的評量重點，基本大項為：態度（專注、禮貌）、記憶能力、內容摘記、主題掌握、句段理解、評判省思。建議在低年級以態度、聽記、摘記為主；中年級以主題掌握、關鍵內容的理解、表達聽後想法為主；高年級及中學階段則要訓練聽後的是非判斷、優劣評價及批判省思為主。建議國小定期評量能列入此項作為評量項目之一。

### 善用時間，隨機評量

由於聆聽能力的培養需要長時間的關注與練習，然而目前國語文教材中相對於讀寫的內容，以聆聽為主的教材比較少。因此建議親師應善用各式機會及時間，隨機評量學生的不同聆聽重點。比如，「請你把剛才我說的話，再說一遍」或者「這段廣播的內容，你印象最深刻的是什麼」等。

### 多元媒材，展現評量

所謂多元媒材是指能呈現聆聽內容的多元媒介與材料，比如師生的日常口語、廣播、CD光碟、DVD光碟、網路串流音源等。展現評量的方式有：聆聽態度（專注程度），記憶聽寫，重點聽寫（如人事時地物），聽媒材內容做動作，複述，聽後表達（個人情感、個人判斷、個人意見等）。

聆聽的教學與評量，自從2000年起於九年一貫課程正式由「說話能力」一軸中分出，獨立形成一項重要的語文能力以來，目前十二年國教更強調「聆聽素養」的展現——在生活中體現聆聽能力，運用聆聽能力與策略來解決問題。因此，在評量方面，應讓聆聽與其他語文能力密切配合，著重語文學習的整體性的評量，與其他的「說」、「讀」、「作」等整合評量，並賦予多元的、歷程的評量觀，方能體現聆聽對於語文理解與表達的重要性，建構學生跨領域自主學習重要的基礎能力。

# 口語表達教學 觀念、方法與原則

　　邇來，「網紅」（YouTuber）的橫空出世，成為這世代重要的言說媒介與娛樂形式之一。而網紅能否成功吸引大家，成為眼球的焦點，口語表達能力可謂是最重要的條件。

　　以「語音」來進行說明或表達個人想法的方式，以往都稱為「說話」；然而，十二年國教國語文領綱則將「說話」改為「口語表達」。這兩者有何不同呢？簡單說，「說話」強調個人「單向」的表達（我說你聽），而「口語表達」則除了個人的說話態度與技巧之外，更重視「說者」與「聽者」的情境脈絡，強調「雙向」有效且合宜的溝通與互動。換言之，因應十二年國教強調的「語文素養」，學校教師應透過有效的語文教學，讓學生能妥切應用「語音」達成最良善溝通的可能，這也是「口語表達」素養的具體展現。

　　以下分別談論口語表達的教學重點及教學時的方法與原則。

　　根據語文課程綱要，口語表達的基本能力包含：能正確發音並說標準語言；能有禮貌的表達意見；能生動活潑敘述故事；能把握說話主題，不離題；能充分表達意見；能合適的表現語言技巧；能表現良好言談的態度；能把握說話重點，充分溝通等。

　　至於口語表達的教材，依然以目前國語課文或閱讀單元等相關教材為基礎。國語文教材通常會在課文或單元之後，以分散序列方式提示學生於口語表達時應注意語音、語調、速度、語彙、句型、立場、主旨題材、時間控制等。到了中高年級則會提示口語表達時所採用的「思維方法」，諸如演繹、歸納、類比、並列、因果等，進一步提示應思考口語表達內容的「組織結構」，將之應用於各式的口語表達，如提問、報告、故事講述、會話、問答、討論、演說、辯論、表演等。除了固定編排的口語表達教材

之外，教師亦應「隨機教學」，於說寫結合的教學過程中，並應特別注意到「先說再寫」的學習表現順序。

關於口語表達教學原則，應以「願說」（主動積極的態度）為首要目標。在課堂中，應培養學生的興趣與信心（教師之引導如，你要不要試著說一說；我相信你應該可以表現得很好），讓學生都有練習口語表達的機會。其次，「取材」應配合學生生活經驗，以有組織的演進語料學習（先由單句，再到複句，接著是關係複句，最後是組句成段），並讓學生理解應依目的和聽話對象，調整其說話的方式。再者，建議以聆聽為基礎，由聽到說，並強調有意義、合情理的口語表達內容，當然，對自己的言論負責，是重要的態度。

如何進行口語表達的基本練習？在語言基礎的要求上，先以發音正確、語調變化、語彙適切為主。進而讓學生能練習不同的句型，如依式造句、換句話說等，並知曉不同立場、角色或場合應表現不同的語言內容。在正式的口語表達時，應貼切揭示主旨，挑選題材，對於時間的控制，說話的儀態都要能掌握得宜。

此外，由於十二年國教課綱將「說話」改為「口語表達」，教師在指導口語表達時，應該讓學生思考「聽者」是誰，應以何種方式說明與互動，以及，這是什麼樣的場合，是否應注意相關用詞用語與合宜的禮貌態度，方可達成有效「溝通互動」的目的。以下茲列舉中小學最常見的口語表達活動——說故事、朗讀與演說為例，提示教學的重點。

## 說故事 ▶▶▶

常見的口語表達基本練習活動，可由「故事」為媒材，進行如：「聽故事，說重點」，複述故事「時、地、人、事、物」等要素（六何法的策略應用），也可以結合美術讓學生聽完故事「情境繪圖」，或者故事聽後的心得分享，或局部改變故事，重述故事等。若以「說故事」為口語表達

訓練的方式之一，則應注意充分理解故事的情節、人物、寓意，能分析並掌握故事的主題、氣氛、人物個性等，依故事的基調（歡樂、悲傷或懸疑等），配合以適當的媒材、音樂，甚至可與聽者進行某些互動。

## 朗讀 ▶▶▶

朗讀是口語表達的重要形式之一，不僅對於語音矯正、語調修正有助益，更重要的是「如作者般的表述」原則。換言之，進行朗讀活動前，應把握「先理解，後聲情」的基本原則，方能讓朗讀練習達到預期的目標。例如，以朱自清的〈荷塘月色〉這篇文章來說，在朗讀前應先仔細閱讀，理解這三段作者在心情上的變化。

這幾天心裡頗不寧靜。今晚在院子裡坐著乘涼，忽然想起日日走過的荷塘，在這滿月的光裡，總該另有一番樣子吧。月亮漸漸地升高了，牆外馬路上孩子們的歡笑，已經聽不見了；妻在屋裡拍著閏兒，迷迷糊糊地哼著眠歌。我悄悄地披了大衫，帶上門出去。

沿著荷塘，是一條曲折的小煤屑路。這是一條幽僻的路；白天也少人走，夜晚更加寂寞。荷塘四面，長著許多樹，蓊蓊鬱鬱的。路的一旁，是些楊柳，和一些不知道名字的樹。沒有月光的晚上，這路上陰森森的，有些怕人。今晚卻很好，雖然月光也還是淡淡的。

路上只我一個人，背著手踱著。這一片天地好像是我的；我也像超出了平常的自己，到了另一個世界裡。我愛熱鬧，也愛冷靜；愛群居，也愛獨處。像今晚上，一個人在這蒼茫的月下，什麼都可以想，什麼都可以不想，便覺是個自由的人。白天裡一定要做的事，一定要說的話，現在都可不理。這是獨處的妙處；我且受用這無邊的荷香月色好了。

當學生仔細默讀完以上三段，應可理解他由鬱悶、轉移、釋懷的心情變化。在朗讀時，則可適切調整語句的輕重、快慢、停連，達成最佳的「代言」效果，如同朱自清重現眼前，為我們念讀他的這段經歷。

當然，關於朗讀的指導，具體的細項諸如：正音讀、明句讀（急緩、長短音、強弱音、升降調）、注意標點（停頓、語調等）、表情動作（照應全場、捧稿高度、面部表情），乃至於在朗讀的文稿上加注一些符號提醒讀者等，皆可進一步強化朗讀的效果。

## 演說 ▶▶▶

關於演說，常言道：作文是無聲的演說，演說則是有聲的作文，可見兩者關係密切。演說的類型依「準備度」可分為：備稿演說、抽題演說與即席演說。在小學階段，以單題備稿演說或備稿抽題演說為主，主要差異在於準備一篇或多篇，但講題及講稿都可以事先預備。在中學階段，可進行抽題演說之練習，然而其題目範圍廣泛，無法齊備，只能依賴平時的閱讀與筆記，並對許多事物觀察與思辨，作為抽題演說的基礎。至於最高難度的即席演說，則是在某未計畫的情境，讓說者在極少的準備時間內，表達自己對某些事物或觀點的看法。

一般而言，演說的練習過程，包含審題、立意、選材、組織、練習及檢討，與作文練習的歷程有很大的相似。因此，演說亦被視為「口述命題作文」，其首要條件即是「不可離題」，務使言之有物、言之有序、言之成理。其他如禮節、儀態、目光、表情、手勢、情緒等都可以細項練習。例如要學生即席說出「人生最重要的事」，即建議以一分鐘約150至180字（含標點）的內容，配搭一些小事例或小故事來進行完整的說明。

除了前述之說故事、朗讀及演說之外，小組討論及議題辯論也可以作為口語表達的練習活動。無論如何，隨機、多元的言談活動，是口語表達能否成功學習的重要關鍵。

## 口語表達的評量 ▶▶▶

　　口語表達的是一種輸出性的表現（output performance），因此在學生學習口語表達的過程中，可即時、同步進行口語表達的評量，例如，指導學生說故事的同時，也可以隨時指正其語音、內容及態度。這與聆聽、閱讀等輸入性的學習，只能間接或後效的評量不同。因此，口語表達的評量特別重視「即教即評」或「即學即評」，教師或指導者可以同步即時引導或修正口語表達的學習表現。亦即，口語表達的「形式性評量」的重要性，更勝於「總結性評量」，因此，隨堂指導或隨機指導是重要的教學觀念。

　　依口語表達學習表現的目標，可設定口語表達評量的項目包含如：語音正確性、語調變化性、語彙豐富性、句子流暢度、立場適切性、主旨題材的掌握度、時間的控制、說話的儀態等。這些項目可依學習目標不同，而調整項目及其比例。

　　其次，口語表達重視「言談脈絡」（context，也可以稱「言談情境」），因此，不同年級的學生其口語表達的要求不同。比如，小學低年級應評量其朗讀、會話（二人、多人、虛擬）、基本問答、簡要報告（如自我介紹）、簡述故事（看圖說故事、複述故事）或生活報告（如口述日記）等基本口語表達。中年級開始可藉由先閱讀、再表達，呈現「讀說」整合評量，如讀書報告（對閱讀內容的摘要、心得、感想、內容深究、形式深究、評論等），或者進階的故事講述（改編故事、自創故事等），也可以評量其小組討論的情形。

　　到了高年級及中學，則可進一步評量其演說（自由命題、限制命題或即席演說）、辯論（分組或代表）、會議表達（主持或發言）、訪問（封閉型或開放型）、表演（對話或話劇）及專題報告等更正式的口語溝通表現。

　　最後，關於口語表達評量是否要列入中小學定期評量的疑義，個人認

為在時間及條件許可下，可進行某些的形式口語表達評量。由於口語表達比較適合以隨機評量或個別口試進行，若必須進行口語表達的檢測，就會像某些語言能力檢定一般——給圖片、文字或聆聽媒材，將受試者的口語表達錄音後再進行個別評量。但這耗時費力，一般學校可行性不高。較可行的是，讓受評者對於「口語表達效果」的擬稿或評估。例如，現在你有個任務，在一分鐘內自我介紹，請以一百字寫下你要說的話。或者，以下是某人對大家說話的內容（可以文字或影音媒材呈現），你覺得他的口語表達表現如何，請就內容（或語音、儀態）寫下你的評語。

　　無論口語表達的評量形式如何，無庸置疑的是，口語表達為重要的語文基本能力之一；唯有透過有序、有效的指導，配合隨機或特定目標的評量，方能讓學生展現完整的語文能力。

 # 素養導向聽說教學示例：〈詠鵝〉

　　前章談論了素養導向國語文教學設計的四項原則：生活情境、語文知識、問題解決、學習策略。以下將依循此原則，透過學習重點分析、學習文本分析、教學活動設計三者，以翰林版二下第十四課〈詠鵝〉為例，呈現出「聆聽」與「口語表達」兩項國語文教學設計的要領，以供教學參考之用。

## 學習重點分析 聆聽與口語表達

　　先分析十二年國教國語文領綱中，對第一學習階段的「聆聽」與「口語表達」兩項能力的要求：

1-I-1　養成專心聆聽的習慣，尊重對方的發言。

1-I-2　能學習聆聽不同的媒材，說出聆聽的內容。

1-I-3　能理解話語、詩歌、故事的訊息，有適切的表情跟肢體語言。

2-I-1　以正確發音流利的說出語意完整的話。

2-I-2　說出所聽聞的內容。

2-I-3　與他人交談時，能適當的提問、合宜的回答，並分享想法。

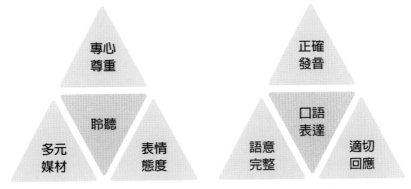

圖 13　聆聽與口語表達的學習表現要求

　　其次，再檢視「學習內容」中與聆聽、口語表達相關的細項。以第一學習階段為例，除了「字音」要讀準、「切詞」要正確的基本要求外，主要的內容呈現在「句段」細項有：Ac-I-1常用標點符號；Ac-I-2簡單的基本句型；Ac-I-3基本文句的語氣與意義。「篇章」之中，其細項有：Ad-I-1自然段；Ad-I-2篇章的大意；Ad-I-3故事、童詩等。

　　再者，此處關於「文本」的學習與使用，乃以記敘文本與抒情文本為主，以〈詠鵝〉這課為例，即是順敘的寫物，表達Bb-I-3對物或自然的感受：就「文化」而言，即是涉及Ca-I-1各類文本中與日常生活相關的文化內涵。

進行任何語文教學設計之前，必須對學生的學習文本進行分析，對應設定的教學目標，找出關鍵的學習重點，方能有利於下一階段的精準設計。以下爲聆聽與口語表達相關的文本分析：

> 　　古時候，有一個詩人名叫駱賓王，他十分聰明，七歲就會作詩。
>
> 　　有一次，家裡來了幾位客人，聽說他很聰明，就問他一些問題，他都能一一回答。後來，他們走到水池邊，客人指著池水裡的鵝說：「你能作出一首有關鵝的詩嗎？」
>
> 　　駱賓王一看，鵝正伸長彎彎的脖子，向著天空唱歌。白色的羽毛浮在綠色的水面上，紅紅的腳掌撥動清澈的水波。他想了一會兒，就念出下面的詩句：「鵝、鵝、鵝，曲項向天歌。白毛浮綠水，紅掌撥清波。」
>
> 　　客人一聽，發現這首詩裡有鵝的叫聲，也有鵝向著天空唱歌的樣子，還有白鵝撥動紅掌，在綠水中游動的情景。詩句簡單卻非常生動，大家忍不住拍手叫好，對駱賓王十分佩服。
>
> 翰林版二下第十四課〈詠鵝〉課文

**❶ 學習表現**

（一）聆聽：

1. 專心：「問他一些問題，他都能一一回答」
2. 媒材：師生對話；故事CD
3. 態度：「客人一聽……忍不住拍手叫好」

（二）口語表達：

1.  讀準字音：詠鵝、曲項向天歌、紅掌撥清波等
2.  語意完整：「他十分聰明，七歲就會作詩。」
3.  適切回應：「他想了一會兒，就想出下面的詩句。」

**2** 學習內容

1.  標點符號：頓號。（鵝、鵝、鵝）
2.  句型練習：有……也有……還有……
3.  語氣意義：客人指著池水裡的鵝說：「你能做出一首有關鵝的詩嗎？」
4.  故事段意：第三段說明他能觀察和想像。
5.  對物感受：「駱賓王一看，鵝正伸長彎彎的脖子，向著天空唱歌。」

---

**教學活動設計** **聆聽與口語表達**

**1** 準備活動：生活情境、經驗連結

「各位同學好，有沒有觀察過動物的經驗呢？請用完整的句子回答。」

學生應該會七嘴八舌的說他們曾經觀察過什麼，老師隨時指導如何完整表達。

「那麼，有沒有在觀察動物的同時，頭腦也想像了什麼呢？請專心聆聽同學的發表。」

「好，聽你們這麼多的經驗，我們來看看這一課在談些什麼呢？」

此時可讓一二位學生再簡要說說這篇文章主要的內容：駱賓王如何寫出一首關於鵝的詩。

**2** 發展活動：釐清重點、學習聽說

「讓我們來讀一讀，這課的課文……。請讀準字音，注意速度。」（朗讀）

老師隨時指正讀準字音，如詠、鵝、脖、波等。

「文章一開始，作者用哪一句完整的話來介紹駱賓王這個人？」

學生說：「他十分聰明，七歲就會作詩。」

「一開始，客人相信他的能力嗎？我們一起來念出客人心裡的想法。」

學生念：「你能做出一首有關鵝的詩嗎？」（懷疑，語氣上揚）

「『他想了一會兒，就想出下面的詩句』」這一句，你們又是怎麼念？（語速稍慢）

「這一段主要在說明什麼？小組討論後，請試著精簡的回答。」（駱賓王善於觀察與想像）

「客人很專注的聆聽詩句後，發現了什麼？請用有……也有……還有……這個句型來回答。」（句型練習）

「客人們懂得這首詩以後的反應是什麼？」「拍手叫好。」（聆聽態度）

❸ 綜合活動：聆聽回應、完整表達

「看完這篇文章後，我們想一想，駱賓王和客人們如何對話，聆聽與口語表達時的態度是如何呢？」

請學生自我思考，並把自己的想法與作法寫下來，再進行小組分享。

若有時間，請學生分享一些今天所學如何應用在日常生活中。

## 教師課堂總結

引導學生討論聆聽時應專注，並以適切的動作和表情來回應對方。

口語表達時也應注意使用完整的語句，適當的語氣語調來表示自己的想法。

## 【遇見・語文素養】 跨越，或留白？

「如果課文內容離孩子的生活經驗很遠，該如何引導討論？」

（某版本的六年級課文情境陌生或意味深遠，不易理解）

這是某日和嘉義市興安社群研討時，老師提出來的問題。

此刻，腦海跳出了一首可愛的小詩（應該是冰心寫的吧？！）

「牆角的小花，當你孤芳自賞時，天地便小了。」

嗯，我的回應是：

「如果課文都只是學生的生活情境，那閱讀的功能就被限制了；因為閱讀神奇的地方就是讓我們可以迅速的穿越古今、躍換時空，所以，各類中外名家作品都值得閱讀，即便有些不懂之處。」

「可是，老師不知道如何引導討論怎麼辦？」老師問。

「那，就放入括弧呀，存而不論（留白），也很好；我們成長的歷程不是什麼都能理解的，（我還記得第一次讀紅樓夢，前方是黃昏漁港冪冪的景況，真的差很遠）。但透過閱讀，我們便有機會對陌生的情境有所理解，比如大雪紛飛夜裡的旅人、二次戰爭的致命關鍵時刻，或者從太空看到地球藍白色的樣子……等。」

是以，閱讀是孤獨的，如人飲水，沒有人可替代的個別獨特經驗。

放手吧，在孩子面前可以承認自己也不太懂，這是件好事。

於是，你解放了自己，也解放了孩子的迷思。

# 04
## 標音符號
## 與應用

標音符號是指為文字標注其音的符號，在本國語文（簡稱國語或國文）的領域範疇內，就是指「注音符號」。為方便指稱，本章以下皆稱注音符號。

## 回顧注音符號的發展歷史 ▶▶▶

若以中文的音韻研究的發展而言，大致經歷過周朝至春秋期間的《雅言》伊始（即所謂的標準、官方語音的概念成形），後經秦漢「通語」，至魏晉《韻書》、三國時的魏人李登的《聲類》、晉人呂靜的《韻集》，直至唐朝孫愐的《唐韻》，時至元代周德清的《中原音韻》大抵成形，但這些韻書主要以「反切法」（以熟字音標注生字音的概念）來為字注音。總之，在民國以前，沒有專用的標注字音符號（臺灣師大編委會，2014）。

在清末，受列強侵擾之故，有志之士發起了「簡字運動」，希望簡化文字，讓教育更為普及。王照等人研擬了「官話字母」，算是比較有系統的標音「符號」。1912年，中華民國成立後，由吳敬恆主導的「讀音統一會」以北京話的音系為標準語，議定了「注音字母」。經過幾年多次的會議討論修訂，1918年，教育部正式公布「注音字母」，聲母24個，介母3個，韻母12個，並確定了4個聲調。為了方便國際人士學習中文及郵務交流等，1928年國語會公布了「國語羅馬字拼音法式」作為國音字母第二式。1930年更名為「注音符號」，延用至今。1932年教育部公布「國音常用字彙」，正式以北京音系為標準國音，此後注音符號的內容不再變更。

國民黨政府遷臺後，1946年，在臺灣成立了「國語推行委員會」，確定在臺灣全面推廣國語（北京話），並以《國語日報》、《中國語文》等報刊強化推廣的效果。此後不僅在各師範學校及師範學院加強國語教育，確實學習注音符號及正確發音，更於1954年規定自該學年度起，國民學校（即國民小學）一年級國語教學的前十二週，先教說話及注音符號，使用注音符號課本，以「直接教學法」進行注音符號教學。

1968年起，政府公告正式實施九年義務教育，也頒定了課程標準供中小學教學實施之參照。其後，因教育部明令上下學期的時間與學科時數的配置，注音符號教學即調整為前十週完成，並配合注音符號《首冊》作為學習材料。自此，注音符號教學的時程及流程大抵成形，並延續至今。

　　由上可知，當今注音符號在一年級的前十週採集中、直接教學的方式，是有其時空背景（為當時政治上語言的加速統一政策而實施）。但今日臺灣幼兒教育、親子教育及社會各式紙本及數位媒體遍布的情況之下，是否應調整集中式教學（師生的壓力都很大），或改採文字輔以標音教學（文字標音雙軌進行），是值得研究與思考的問題。

　　以下針對十二年國教國語文領綱所列的標音符號學習重點，羅列供參，並作為下節討論教學方法與原則之參考。

 學習表現與學習內容

標音符號與運用

| 學習階段 | 學習表現 |
| --- | --- |
| 第一學習階段 | 3-I-1 正確認念、拼讀及書寫注音符號。<br>3-I-2 運用注音符號輔助識字，也能利用國字鞏固注音符號的學習。<br>3-I-3 運用注音符號表達想法，記錄訊息。<br>3-I-4 利用注音讀物，學習閱讀，享受閱讀樂趣。 |
| 第二學習階段 | 3-II-1 運用注音符號，理解生字新詞，提升閱讀效能。<br>3-II-2 運用注音符號，檢索資訊，吸收新知。 |

標音符號

| 學習階段 | 學習內容 |
|---|---|
| 第一學習階段 | Aa-I-1 聲符、韻符、介符的正確發音和寫法。<br>Aa-I-2 聲調及其正確的標注方式。<br>Aa-I-3 二拼音和三拼音的拼讀和書寫。<br>Aa-I-4 結合韻的拼讀和書寫。<br>Aa-I-5 標注注音符號的各類文本。 |
| 第二學習階段 | Aa-II-1 標注注音符號的各類文本。 |

　　若將上列的學習表現與學習內容與九年一貫課程相較，可知注音符號的能力要求僅止於第二學習階段（四年級）；換言之，注音符號的學習在第一學習階段應達「精熟運用」，第二學習階段進而「輔助學習」。第三學習階段以後應已成為穩固的基本能力，便不再強調了。

　　就細項能力發展而言，即從注音符號的「認念、拼讀與書寫」基本標注能力，進階到「表達想法、記錄訊息、學習閱讀與檢索訊息」延伸應用能力。至於如何指導與練習，請參見下方教學方法與原則。

# 觀念、方法與原則

　　在談論注音符號的教學方法之前，先快速的復習一下注音符號的內容。

## 注音符號的內容 ▶▶▶

　　注音符號的三大組成要素為「聲、韻、調」，即所謂的聲母（聲

符）、韻母（韻符）及音調（調號）[1]。目前使用中的聲符有21個，韻符有16個，音調有4種。

聲、韻、調三者的關係，猶如氣流的旅行。由肺部呼出的氣，會經過氣管，通過聲帶（引發其振動），再分流至口腔或鼻腔，這時主要是「韻」的成份。當氣流遇到脣齒舌或分流到鼻腔時，受到不同方式的阻礙，便產生各種「聲」的效果。如果將氣流進一步調整其高低及長短，就會造成「調」的變化。以下再分別說明三者的內容。

聲母指導的重點在於發音時如何以不同「部位」（脣、齒、舌），及不同的發音方法（塞、擦、鼻、邊等），對氣流形成不同的阻礙，藉此發出不同的聲音。以「發音部位」來分，可分為：雙脣音（ㄅㄆㄇ）、脣齒音（ㄈ）、舌尖前音（ㄗㄘㄙ）、舌尖音（ㄉㄊㄋㄌ）、舌尖後音（ㄓㄔㄕㄖ）、舌面前音（ㄐㄑㄒ）、舌面後音（ㄍㄎㄏ）。以「發音方法」來分，可分為：塞音（不送氣ㄅㄉㄍ、送氣ㄆㄊㄎ）、塞擦音（不送氣ㄗㄓ、送氣ㄘㄔㄑㄐ）、鼻音（濁音ㄇㄋ）、邊音（濁音ㄌ）、擦音（清音ㄈㄙㄕㄒㄏ，濁音ㄖ）。由於聲母出現在前面，也是附屬輔助韻母的，故又稱「前音」、「輔音」。

韻母，又稱「元音」，是字音最為核心的部位，也能獨立發音。我們可以想像它就是發音時那道通過聲門的「氣流」，受到舌頭的前後、舌位的高低及脣形的圓展，而形成不一樣的元音。目前使用的主要而單一的韻母（可稱單韻母），有「單韻母」ㄚ、ㄛ、ㄜ、ㄝ、ㄧ、ㄨ、ㄩ這7個。若結合韻尾收ㄧ或收ㄨ，就會形成「複韻母」ㄞ（ㄚㄧ）、ㄟ（ㄝㄧ）、ㄠ（ㄚㄨ）、ㄡ（ㄛㄨ）。若其後收ㄋ或ㄫ，就會形成「聲隨韻母」ㄢ（ㄚㄋ）、ㄣ（ㄜㄋ）、ㄤ（ㄚㄫ）、ㄥ（ㄜㄫ）。另有一個單獨使用的「捲舌韻母」ㄦ。

---

1. 若談其聲音表現或發音方法，通常以聲母、韻母及音調來指稱；若指其符號，就以聲符、韻符及調號來指稱。

韻母除了上述的16個韻符之外，另依所謂的「四呼」特別編配了22個結合韻。「呼」其實就是脣形的開展程度，若聲母與韻母之間「沒有」ㄧ、ㄨ、ㄩ此三個介韻母，我們就稱為開口呼。符號中如有ㄧ韻所組成的字音，即稱為「齊齒呼」；符號中如有ㄨ韻所組成的字音，即稱為「合口呼」；同樣的，符號中如有ㄩ韻所組成的字音，即稱為「撮口呼」。為了拼音的便利，由ㄧ、ㄨ、ㄩ再結合一個韻母，如果拼出來的音有可對應的國字，即所謂的「結合韻」。教學時應該指導學生一次念出，而非以二拼方式念讀，如見ㄧㄚ，就直接念「鴨」。

　　最後一個部分，來介紹聲調。如果有一個人把「交通」讀成了「腳痛」，代表的就是聲調的混淆情形。傳統的國音是指「平、上、去、入」，因為北京音中沒有入聲字，加上平聲可再分為陰平與陽平，所以現在的四聲乃指「陰平」（第一聲）、「陽平」（第二聲）、「上聲」（第三聲）、「去聲」（第四聲）。依趙元任的「五度制調值標記法」（如下圖），因其「音高」及「音長」不同，分為四聲的調值（陰平55、陽平35、上聲214、去聲51）。

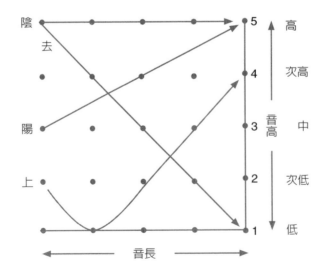

值得一提的是，爲何聲調中不含輕聲？因爲輕聲只是念輕一聲，把音長縮短一些，不完全是調値的改變，雖然有些字音是固定輕聲（如呀、嗎、的、得、們等），但這畢竟還是少數字音，所以不特別劃分出第五類的聲調了。

　　以上只是簡介注音符號中的聲、韻、調，至於更爲精緻的聲調變化（上聲變調、多音節變調、一不變調）、輕聲（輕而短，可分辨單一字詞不同意思，如買賣、東西、地道）、連音（這、那、哪、啊）、兒化韻（可表示微小、少許、時間短等不同意思）等，若有興趣可再詳閱國音學相關專論。

## 注音符號的教學目標 ▶▶▶

　　注音符號是一種標注字音的工具，主要的功能是輔助認字、識詞，進而可促進句段的閱讀。既然是工具，就要認識工具、學習工具的使用，並精熟應用。因此，注音符號的學習目標就是對於這37個符號能認念，能拼讀，也能書寫。下圖是注音符號與感官運用的關係圖（同樣的概念也適用於生字的學習）。

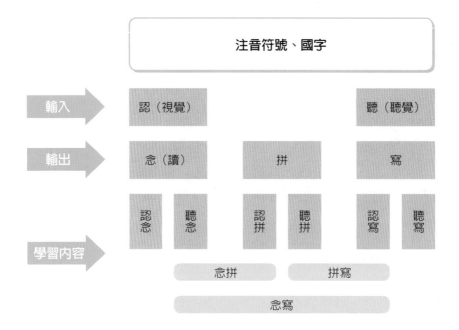

　　對大部分的學童而言，注音符號「應該」是他們第一套正式學習的符號系統（其實在學習注音符號前，他們多多少少認識一些文字符號，如自己的名字或身旁常出現的字詞，但這些都不算正式，也不是有系統的學習）。因此，認知的歷程來說，先對於「輸入」內容進行理解；亦即，初見注音符號會先以「視覺」進行辨析，同時教師的示範發音則以「聽覺」的連繫符號，讓學生產生符號與特定聲音的配對，透過不斷的練習，符號與聲音就會緊緊的相依（如看到ㄐ，就會念「雞」）。

　　如何檢視學生是否習得注音符號或拼音呢？「輸出」的管道不外為單一符號的「認念」（如，ㄅ、ㄧ），二個符號或三個符號的「拼讀」，以及將聽到的符號或字音「書寫」下來。也就是，教師總是透過念、拼、寫三者來即時檢視學生的學習狀況。

　　「簡單的事，重複做，就會形成能力」，注音符號的能力本來就是一種工具性技能，而且是一段樸實無華且枯燥的學習歷程，因此教師通常藉

助輸入性的「認、聽」與輸出性的「念、拼、寫」形成「認念、認拼、認寫；聽念、聽拼、聽寫；念拼、拼寫、念寫」等九項練習方式，沒錯，所有注音符號練習與評量都由這九項所呈現、轉化或衍生。

## 注音符號教學三大取向 ▶▶▶

　　注音符號的教學，有三種理路取向：「綜合教學法」、「符號分析法」、「折中教學法」。「綜合教學法」的主要原則是總、分、總，先由說話教學帶入整體圖、文的理解，再由句子、語詞、字、符號等分教，最後再回到整篇文章的討論，適合初學的兒童，也是目前主要的教學法，詳細流程請見後節。「符號分析法」，乃是由個別單一符號認識開始，慢慢組成字、詞、句等內容，想起了沒，您早期學習英文就是以此思維——先學26個字母，再背單字、片語，再到句子的理解，這適合具有相關背景知識的學習者，也常見於第二語言學習者。「折中教學法」，是介於上述兩者之間，採雙軌並進的方式，一方面以文本教材進行綜合教學，另一方面也同時認學符號，這種方法適合成年人的成人教育班或失學民眾的補習教育。雖然上述三種教學取向都有其偏好的對象，但其實學生的知識經驗與文化背景都不太相同，應可依學習需求而調整。

## 注音符號綜合教學法 ▶▶▶

　　在說明注音符號綜合教學法之前，先回顧課綱的規定：「應於第一學年前十週，採綜合教學法教學」，可見綜合教學法不僅是傳統慣用的教學模式，也是官方指定教學法。其次，關於「拼音方法」，課綱也指出應以「直接拼讀」為學生學習的目標，簡單的說，學生要能預備好發音部位，以氣流不中斷的方法（比如這樣念：ㄅ、ㄢ——ㄅㄢ，氣流就中斷了兩次）。另外也要注重發音方法，確認口腔開合、唇形圓展、聲調高低等，一次拼音到位。

以下介紹綜合教學法的「說話教學」、「符號分析」、「閃示練習」、「直拼練習」等四項教學要領。

**❶ 說話教學：情境示意，取得符號的意義**

一般而言，注音符號的教材，都有大幅的圖畫配合分行的語句（類以詩歌的排版），作為教學的文本。這些語句中，即會暗藏所需要學習的注音符號。因此，教師可利用討論圖意，促進學生對於內容的理解，並漸次引導到相關語句的關注。如：「老師」在哪裡？小朋友「手拉手」做什麼呢？（老師與手拉手即是課文中的詞語）。

在進行情境引導的說話教學時，可善用各類媒材、各種方式「示意」，如實物、圖畫、模型、動作、情景、上下文、類推、翻譯、舉例、對比、換句話說、問答等。

**❷ 符號分析：聚焦語詞，對字認識符號的音形**

當學生熟悉課文語句時（基本上一年級學生的記憶力都很好，課文帶讀幾次，幾乎就背起來了），即可進一步以「單句」為標的，開始進行符號的音形比對、認知。其操作示例如下：

| | | | | | |
|---|---|---|---|---|---|
| ㄩˋ | ㄐㄧㄢˋ | ㄕˋ | ㄕㄨㄞˋ | ㄍㄜ | （句）|
| ㄩˋ | ㄐㄧㄢˋ | | ㄕㄨㄞˋ | ㄍㄜ | （詞）|
| | ㄐㄧㄢˋ | | | ㄍㄜ | （字）|
| | ㄐ | | | ㄜ | （符號）|

亦即，其流程為：對句、對詞、對字、對符號，再指導該符號的正確發音及書寫方式。接著，由標的符號與其他聲符或韻符，配合聲調進行拼音練習。最後，再回到詞、句的理解。為了鞏固新學習的符號內容，即會進行以下的閃示練習。

❸ 閃示練習：閃示牌卡，從文句中獨立認知

　　閃示（flash cards）練習是基於行為主義的學習機制，透過不同的刺激對應不同的反應，藉由多次的練習，達到形音自動化聯結的效果。

　　主要的閃示練習方式有「距離閃示」與「去牌閃示」。距離閃示，以「先近漸遠」的原則，讓字詞或符號逐次離開句子，即先「近對」再「遠對」。如：

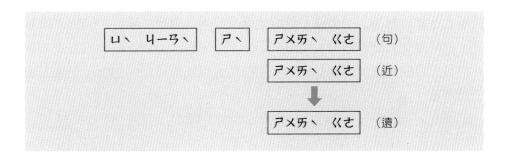

　　去牌閃示，則是先以長（句）牌呈現，拿走一些詞語，只留重點學習的中（詞）牌，接著將詞語拆成關鍵的短（字）牌，最後只留下符號牌。如：

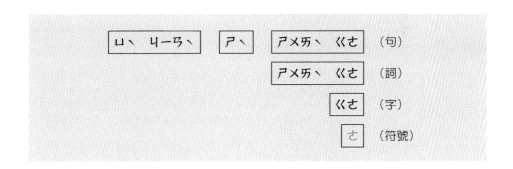

❹ 直接拼讀法：一氣拼成，流暢無礙

　　當所標注的注音符號呈現二個或三個符號時，尤其是聲符搭配韻符，如ㄍㄜ，學生應流暢無礙的將字音一次拼成，即所謂的「直接拼讀」。然而，這是拼讀的最終目標；要達成「直拼」的目標，應經過「助拼」、「暗拼」、「正拼」三階段，並透過「反拼」來辨析與強化。以下簡要說明這些拼音法的教學要點。

　　「助拼」：即以「縮短音程」的方式，協助學生拼讀。由於學生會先透過上述綜合教學法的引導，拆解至單一符號（聲符或韻符）的認念或書寫，此時應介入拼讀練習。助拼法即是以「先拆念，漸合讀」的方式，達成拼音的目的，主要的關鍵在於漸次縮短聲母與韻母之間的音程距離。如下圖所示：

　　　　（先念）ㄍ ——— （再念）ㄜ＝（合讀）ㄍㄜ
　　　　（先念）ㄍ —— （再念）ㄜ＝（合讀）ㄍㄜ
　　　　（先念）ㄍ－（再念）ㄜ＝（合讀）ㄍㄜ

　　註：「———」代表拉長聲符的音程較長，「—」代表拉長聲符的音程較短。

　　「暗拼」：在注音符號開始學習的前五週，助拼的方式特別重要，其後的學習就會淡化此類的指導，因為學生已經知道如何「協助」自己拼讀了。但在過度到直接拼讀之前，可提示學生「在心裡念」符號（尤其是聲符），遇到第二個符號（有可能是結合韻，但結合韻要齊讀，不要分念），可以有效的拼出字音，如：

　　　　（默念）ㄐ ——— （再念）ㄧㄢ ＝（合讀）ㄐㄧㄢ

　　「正拼」：就是課綱中所謂的「學生看到注音符號後，直接讀出字音」，也就是「直拼」的具體展現。透過上述的助拼與暗拼的協助，學生要漸漸掌握發音的要領（尤其是聲母的準備部位與發音方法），看到二個或三個符號時，能毫無懸念的直接拼讀出字音，展現注音符號「拼讀」的能力。如：

（看到）**ㄉㄧ**，（立即拼合）「滴」（**ㄉㄧ**）的音

在正拼的練習中，除了單一字音的拼讀之外，也可以找「親戚朋友」（近音字）來練習，有「換聲符法」與「換韻符法」，如下圖所示：

「反拼」：相對於正拼（看見分開的符號，合起來念），也就有反拼。反拼是：聽見「合起來的字音」，透過「語音」、「牌卡」或「文字」，進行所謂的「口頭反拼」、「牌子反拼」或「筆頭反拼」，以協助教師檢視學生拼音狀況的理解。換言之，反拼，對教師而言，是一種「注音符號的評量」；對學生而言，就是三種注音符號的拆解練習與自我檢視。如下圖所示：

在各類型的拼音練習之中，有所謂的「比對拼音」。顧名思義，即比對符號的組成「差異」，練習不同字音的直接拼讀，以鞏固拼讀能力。如下表：

| 韻符比對 | 聲符比對 | 聲調比對 | 介音比對 | | |
|---|---|---|---|---|---|
| | | | 有無 | 不同 | 三拼聲介 |
| ㄅㄚ / ㄅㄤ | ㄇㄠ / ㄅㄠ，ㄏㄠ / ㄆㄠ | ㄏㄠˊ / ㄏㄠˇ / ㄏㄠˋ | ㄅㄧㄢ / ㄅㄢ | ㄐㄧㄢ / ㄐㄩㄢ | ㄐㄧ / ㄐㄧㄚ |

# 注音符號的書寫指導及其他活動

## 注音符號書寫 ▶▶▶

文字符號的書寫，不外涉及二者——「筆形」與「筆順」。筆形是指筆畫的形狀，不同筆形各有指稱，如橫、豎、撇、鉤（ㄅ）、點、挑、斜豎（ㄚ）、左弧（ㄟ）、左下弧（ㄅㄛ）等。至於「筆順」，由於注音符號筆畫數少，至多四劃（ㄓ、ㄖ），也都是獨體符號，除了少數易錯符號（如：ㄊ、ㄋ、ㄓ、ㄕ、ㄖ、ㄚ等），在筆寫上不至於太難。

值得一提的是，應在累積一些符號後，可善用圖像聯想，或以「熟符」帶「生符」的方式，比較其差異，更能在認辨與書寫上得到較佳的效能。以下為108年翰林版的注音符號首冊《山坡上的學校》中的教材示例，供教師參考。

第一課課文及符號書寫指導

「圖像聯想」與「熟符帶生符」的教材設計

## 遊戲ㄅㄆㄇ與其他活動 ▶▶▶

由於注音符號的學習可視為「集中且密集」的語文工具能力訓練過程，因此，如何讓「學習有動機、活動更有趣」，乃是許多教師在設計教學活動時，左思右想的重點。

以下舉例說明與注音符號相關的其他活動設計。例如，讓注音符號可歌可唱、朗朗上口，便有所謂的「兒歌ㄅㄆㄇ」、「說說唱唱ㄅㄆㄇ」、「ㄅㄆㄇ口訣」等輔助教材的設計。如果要加強學生符號認念的能力，可以設計「找朋友」（語句、詞語、字、符號配對）、「卡片的旅行」（全班或小組傳卡片）、「ＰＫ鬥牛」（小組或個人面對面閃示卡片）、「符號賓果」、「猜拳換符」（贏的可主動換符，輸的被抽符卡）等。

又如書寫練習，可以玩「背後接寫符號」，或用「肢體寫字」，或「寫一筆猜符號」等。綜合符號比對活動如，「順序重排」、「符號填空」、「ㄧㄨㄩ手勢動一動」、「蘿蔔蹲」、「瞎子摸象」、「表演符號猜猜看」、「字詞要回家」等。另外，關於聲調練習，常見的「阿兵哥手勢」、「機器人念讀」等，讓學生能感受到四聲調的變化。其實，現在資訊流通檢索十分便利，許多教師都在網路上分享自己指導注音符號的一些技巧及活動設計，若有興趣可自行搜尋參考。

最後，再依課綱內容整理，回顧一至四年級的注音符號學習要點如下。

| 項目 | 一年級 | 二年級 | 三年級 | 四年級 |
|---|---|---|---|---|
| 注音符號的認識及書寫 | ◎ | | | |
| 發音的方法 | ◎ | | | |
| 拼音的方法 | ◎ | | | |
| 發音困難的各種音素加重練習 | ◎ | ◎ | ◎ | ◎ |
| 音調的變化 | ◎ | ◎ | ◎ | ◎ |

（續下頁）

| 項目 | 一年級 | 二年級 | 三年級 | 四年級 |
|---|---|---|---|---|
| 兒化韻 | ◎ | ◎ | ◎ | ◎ |
| 注音讀物的閱讀 | ◎ | ◎ | ◎ | ◎ |

　　本章基於篇幅有限，便不提供注音符號教學設計示例。一方面，注音符號是工具性技能訓練的技能，與所謂的「素養」其實關係不大，也就不太適用素養導向教學設計的原則；另一方面，各版本語文的注音符號首冊教材，皆依基本注音符號教學理路而設計，僅在引導與練習方式略有所異。有心精進的教師可以三版本的首冊進行比較，或可增加自己注音符號教學上更精確也更多元的思維。

# 【遇見・語文素養】 在那彎彎的湖畔

「那時候我幾歲，您真的不記得了嗎？」

「太久了，我記憶力不太好」媽媽用注音輸入法緩緩地回傳了Line。

「好吧，我也實在記不清了」我也這麼回了。

連兩天的大五教育實習學生訪視之旅，都在台中。

於是，一週前即刻意選了一間似老卻新的飯店，一方面隔早可以較悠閒地到學校去，另一方面，就是因為從門口到「那裡」，只要五分鐘，打算來個兒時的回憶。

我從這條老舊的「市府路」，沿騎樓走，不多久，前方即公園的側門了。上了幾個臺階，便見了湖，馬上映入眼簾的，即是著名的地標「湖心亭」。

我沿著湖邊走，紅磚鋪面的步道十分乾淨，人們步履閒散，莫不悠適；整座公園有許多年紀頗大的榕樹，垂下了許多及地的鬚手，顯得有些落寞。我尋覓著，信然路經了「更樓」、「望月亭」等，還有一座身高和基座不太稱的孔子銅像，銅像前兩位老人拿個榔頭使勁地不知在敲些什麼，

直到，我返回湖邊，看見那彎彎的湖畔。

真不記得是小學幾年級了。有一天我看到報紙刊登了「寫生比賽」，寫了一些規則，沒有注音，所以有些字句看不太懂。但那時的我，不知哪來的自信，就毛遂自薦的跟媽媽說，我想參加。

媽媽上下打量了我一下，不作聲，繼續切菜做飯，我又再說了一下，我要參加。媽媽於是問在哪，何時。

　　「台中公園」、「下個週日上午」我這麼回。

　　「台中很遠耶……」媽媽望見我堅定的雙眼，「真的想去？」

　　「嗯，想。」

　　週日的那天凌晨五點，我們就起床準備了。

　　整理好一些水彩畫具，就走路到鎮上的公車站等最早班的公車。先由東港搭到高雄，再轉搭火車到台中，抵達時也已經九點多了。我們快步的走到台中公園，發現已經有好多小朋友和爸爸媽媽一組一組的圍在湖畔。勉強找到一個還可以容身的位置，就把帶來的大板子和畫紙鋪好，我開始努力的畫。

　　那天強烈的陽光照映在湖面上很刺眼，我又熱又急，滿頭大汗，希望能趕上大家的進度。

　　近中午的時候，廣播聲響起：請參賽的同學到服務站繳交作品。我很是興奮地拿著未乾的作品，和媽媽一起排隊，畫紙後面寫上了我大大的名字。輪到我時，服務人員拿起了我的畫，左看右看，又翻過來看，說：

　　「這不是我們發下去的指定用紙，而且……你沒有報名吧？」

　　我傻了眼的問，為什麼要報名，不是來就畫，畫完就交出來比賽？

　　（我媽媽也是這麼覺得，頻頻點頭）

　　而且，我們從屏東來耶，怎麼可以不收！

　　爭論許多，未果。總之，我是一路從台中哭回家了。

事隔三十餘年，
此時，又再次回到這裡，見那熟悉的彎彎的湖畔，
不禁莞然，
笑嘆那時的天真可愛。
還有，謝謝如此這般陪我的媽媽～

# 05

## 識字與寫字

本章的主題為「識字」與「寫字」，識字是指字音與字形的「辨認」與可能字義的「理解」，寫字是指學習者經由腦海中字形的印象提示，以正確的筆畫與合理的筆順，讓字形「再現」。換言之，識字是「輸入性」的理解，寫字是「輸出性」的展現。原本「識寫合一」的文字學習觀念，在基礎教育階段，漸漸轉化成「識寫分離」的學習觀（即課綱中所謂「認識多少字，使用多少字」的概念），惟此，方能較有效益的學習文字的理解與應用，符合現代社會對文字使用的需求。

　　以下針對十二年國教國語文領綱所列「識字與寫字」的學習重點，羅列供參，並作為下節討論教學方法與原則之參考。

# 學習表現與學習內容

## 識字與寫字

| 學習階段 | 學習表現 |
|---|---|
| 第一學習階段 | 4-I-1 認識常用國字至少1000字，使用700字。<br>4-I-2 利用部件、部首或簡單造字原理，輔助識字。<br>4-I-3 學習查字典的方法。<br>4-I-4 養成良好的書寫姿勢，並保持整潔的書寫習慣。<br>4-I-5 認識基本筆畫、筆順，掌握運筆原則，寫出正確及工整的國字。<br>4-I-6 能因應需求，感受寫字的溝通功能與樂趣。 |

（續下頁）

| 學習階段 | 學習表現 |
|---|---|
| 第二學習階段 | 4-II-1 認識常用國字至少1800字，使用1200字。<br>4-II-2 利用共同部件，擴充識字量。<br>4-II-3 會利用書面或數位方式查字辭典，並能利用字辭典，分辨字詞義。<br>4-II-4 能分辨形近、音近字詞，並正確使用。<br>4-II-5 利用字義推論詞義。<br>4-II-6 掌握偏旁變化和間架結構要領書寫正確及工整的硬筆字。<br>4-II-7 習寫以硬筆字為主，毛筆為輔，掌握楷書筆畫的書寫方法。<br>4-II-8 知道古今書法名家的故事。 |
| 第三學習階段 | 4-III-1 認識常用國字至少2700字，使用2200字。<br>4-III-2 認識文字的字形結構，運用字的部件了解文字的字音與字義。<br>4-III-3 運用字辭典、成語辭典等，擴充詞彙，分辨詞義。<br>4-III-4 精熟偏旁變化和間架結構要領書寫正確及工整的硬筆字。<br>4-III-5 習寫以硬筆字為主，毛筆為輔，掌握楷書形體結構的書寫方法。 |
| 第四學習階段 | 4-IV-1 認識國字至少4500字，使用3500字。<br>4-IV-2 認識造字的原則，輔助識字，了解文字的形、音、義。<br>4-IV-3 能運用字典或辭典了解一字多音及一字多義的現象。<br>4-IV-4 認識各種書體，欣賞名家碑帖。<br>4-IV-5 欣賞書法的行款和布局、行氣及風格。<br>4-IV-6 能夠寫出正確美觀的硬筆字。 |
| 第五學習階段 | 4-V-1 認識六書的原則，了解字形、字音、字義的關係。<br>4-V-2 深入鑑賞各體書法作品與名家碑帖。 |

　　由上述五個學習階段對識字寫字的學習表現要求可知，第一學習階段重點在於認識／使用基本常用字1000／700字，學會以部件、部首或簡單造字原理（應該是象形或指事），學會查字典，寫字的姿勢與習慣，以及認識基本筆畫、筆順，掌握運筆原則，寫出正確及工整的國字。到了第二學習階段，識字量增加至1800／1200字，能分辨形近或音近的字詞，以字

義推論詞義；在寫字方面，指出偏旁變化和間架結構的重要性，並且開始學習用毛筆寫楷書，知道書法家的故事，並期待能感受寫字的功能與樂趣。第三學習階段，識字量增加至2700／2200字，持續以部件識字，並加入成語辭典的學習使用。到了第四學習階段，識字量達4500／3500字，懂得欣賞名家碑帖作品，硬筆字要達正確與美觀。第五學習階段完成對六書原則的認識。

字詞

| 學習階段 | 學習內容 | |
|---|---|---|
| 第一學習階段 | Ab-I-1 | 1000個常用字的字形、字音和字義。 |
| | Ab-I-2 | 700個常用字的使用。 |
| | Ab-I-3 | 常用字筆畫及部件的空間結構。 |
| | Ab-I-4 | 常用字部首的表義（分類）功能。 |
| | Ab-I-5 | 1500個常用語詞的認念。 |
| | Ab-I-6 | 1000個常用語詞的使用。 |
| 第二學習階段 | Ab-II-1 | 1800個常用字的字形、字音和字義。 |
| | Ab-II-2 | 1200個常用字的使用。 |
| | ◎Ab-II-3 | 常用字部首及部件的表音及表義功能。 |
| | ◎Ab-II-4 | 多音字及多義字。 |
| | Ab-II-5 | 3000個常用語詞的認念。 |
| | Ab-II-6 | 2000個常用語詞的使用。 |
| | Ab-II-7 | 國字組成詞彙的構詞規則。 |
| | Ab-II-8 | 詞類的分辨。 |
| | Ab-II-9 | 量詞的運用。 |
| | Ab-II-10 | 字辭典的運用。 |
| | Ab-II-11 | 筆墨紙硯的使用方法。 |
| | Ab-II-12 | 楷書基本筆畫運筆方法。 |
| | Ab-II-13 | 書法名家故事。 |

（續下頁）

| 學習階段 | 學習內容 | |
|---|---|---|
| 第三學習階段 | Ab-III-1 | 2700個常用字的字形、字音和字義。 |
| | Ab-III-2 | 2200個常用字的使用。 |
| | ◎Ab-III-3 | 常用字部首及部件的表音及表義功能。 |
| | ◎Ab-III-4 | 多音字及多義字。 |
| | Ab-III-5 | 4500個常用語詞的認念。 |
| | Ab-III-6 | 3700個常用語詞的使用。 |
| | Ab-III-7 | 數位辭典的運用。 |
| | Ab-III-8 | 詞類的分辨。 |
| | Ab-III-9 | 楷書形體結構要領。 |
| 第四學習階段 | Ab-IV-1 | 4000個常用字的字形、字音和字義。 |
| | Ab-IV-2 | 3500個常用字的使用。 |
| | Ab-IV-3 | 基本的造字原則:象形、指事、會意、形聲。 |
| | Ab-IV-4 | 6500個常用語詞的認念。 |
| | Ab-IV-5 | 5000個常用語詞的使用。 |
| | Ab-IV-6 | 常用文言文的詞義及語詞結構。 |
| | Ab-IV-7 | 常用文言文的字詞、虛字、古今義變。 |
| | Ab-IV-8 | 各體書法與名家碑帖的認識與欣賞。 |
| 第五學習階段 | Ab-V-1 | 六書的基本原則。 |
| | Ab-V-2 | 文言文的詞義及語詞結構。 |
| | Ab-V-3 | 文言文的字詞、虛字、古今義變。 |
| | Ab-V-4 | 各體書法作品與名家碑帖的深入鑑賞。 |

註:1. 雙圈(◎)係指相同學習表現重複出現在不同學習階段。國語文的學習常涉及加深加廣、螺旋
　　　向上的知識精進,故以雙圈(◎)之方式標示。
　　2. 標圈號◎之流水號:表示跨學習階段的學習表現或學習內容,標記於低的學習階段。

　　　以上由學習內容之「字詞」中,找出主要的關鍵內容。除了字義外,語詞的認念與使用也是其重點。到了第二學習階段,重點學習內容轉為國字組成詞彙的構詞規則,詞類的分辨與量詞應用。第三階段增加了數位辭典的應用。第四階段增加了常用文言文的詞義及語詞結構,及文言文的字詞、虛字、古今義變等。第五階段則強調六書基本原則的掌握。

## 觀念、方法與原則

　　本節將透過不同的角度，談論關於識字與寫字的教學方法與原則。首先，最重要的學習觀點是「字，是一種符號」，既然是符號，就有其形、音、義等面向的考量，教師該如何透過形、音、義引導學生對字的理解與使用，請見本節的說明。

### 到底要學多少個中文字才夠用呢？▶▶▶

　　這是國民義務教育階段最基本的問題之一，也是識字教學的遠程目標。依黃富順[1]（1994）的研究，一般成人生活所需是2328字；凡能解讀日常生活基本字彙之能力在470個字以下者，列為「不識字」；能認870個字以上，而未達1680字者為「半識字」；能認1680字，並具有書寫日常生活之簡單應用文字能力者為「識字者」，才可以脫離文盲。再根據王瓊珠、洪儷瑜、張郁雯、陳秀芬（2008）[2]的調查。結果顯示一，二，三，四，五，六，七，八，九年級之學生平均識字量約分別為700字，1200字，2100字，2600字，3100字，3300字，3500字（七，八年級）以及3700 字。大抵上是隨年級的增加，學生的識字量也跟著增加。另外，各年級女生的識字量皆優於男生。在識字量成長方面，小一至小五之間的成長最為快速，到小六之後則趨於平緩。若依前節所提及之學習重點，則將識字目標設定在九年級時能認識4000字、使用3500字。這樣的識字量應可於日常生活基本運用無虞了。

---

1. 黃富順（1994）。我國失學國民脫盲識字標準及脫盲識字字彙之研究。國立臺灣師範大學成人教育研究中心專題研究報告（編號：4）。
2　王瓊珠、洪儷瑜、張郁雯、陳秀芬（2008）。一到九年級學生國字識字量發展，教育心理學報，39 (4)，555-568。

## 關於識字的基本觀念：語境的重要 ▶▶▶

　　請先閱讀以下這幾個字，（請不急著查閱檢索），有多少字你能直接辨識呢？

> 旧、苏、无、风、发、处、开、叶、阴、雾、叹、会

　　如果您沒有太多閱讀中國大陸簡體字的經驗，應該在辨識這些字時，會產生一些障礙或疑問。接著，我將這些字還原於一段文字敘述之中。您也許可以猜測或回想起這個字的音或義了。

> 一个多雨的夏天，旧楼房潮湿燠热，原本瘦弱的苏西不幸感染了肺炎，不停的咳嗽。苏西站在窗前，漫无目的的浏览窗外的风景。她发现不远处的砖墙上，垂挂着一株常春藤，张开掌状的、墨绿的叶子。随着秋天的脚步愈来愈近，画室里更加阴暗湿冷，苏西的病情也愈来愈重。她黯然的躺在床上，望着秋风中的常春藤，叶子一片片告别枯藤，在薄雾里，轻飘飘的坠落地面。苏西暗自叹息：我的生命会不会也像落叶一样短暂？

　　這個體驗活動主要突顯「語境」對識字的重要性。另一方面，您也應該可以理解為何中小學課本的識字教材，皆以「隨文識字」的方式呈現。因為，文字僅僅是一個個的符號，唯有在某些語境中，透過理解，方能活現字或詞的意義。

　　續此，再思考一個問題：在教學的歷程中，形、音、義三者的認知順序為何？這個問題看似簡單，其實應從不同的學習情境來說明。

　　首先，在就口語表達時的情境而言，以字音為主要，要發音正確，配合字詞句的連綴表述，字義的功能隱然於中，主要透過「音義結合」，達到溝通的效果；字形在此口語交流的情境中，其實是可有可無的（甚至，

邊說邊想「字」會影響口語表達的流暢性）。其次，若在學生閱讀的情境中，則以「形義結合」為主，透過字詞的辨識，理解句段，乃至於篇章的意義；此時，字音的重要性就變弱了，閱讀時不出聲（即所謂的「默讀」）更是高效閱讀的表徵之一。最後，寫作時，字義（或詞語）成了最優先的認知，因為寫作即是將心中（其實是大腦）的想法、觀念或感受，如自我對話般的成句成段，最後才是形諸適切的字詞語句之中，於是字音是第二順位，最後才是字形。

由上述可知，字的音、義、形的重要性，在不同語境或目的條件中，各有其優先學習或使用的順序。但絕非以脫離語境的情況下學習文字，例如將課文底下的生字一個字一個字的教，分別指出「單字」的注音、部首、筆畫、字義、造詞……，再換到下一個字。這種識字教學效益甚低，也容易遺忘，最好還是以「隨文識字」的方式學習，並適切的於語境中應用，較能鞏固其認知。

## 漢字的特色 ▶▶▶

在討論識字教學前，先來快速的理解漢字的特色，將有助於我們解決學生學習漢字的難點。

漢字屬於單音字，一字一音節，由於字形以方格內為範圍，又被視為「方塊字」，其組成單純統一（不會像拼音文字一般長短不一）。但相對的，最大的難處也就是零散量大，學生要學習許多文字方能達成文句的理解。例如，「Today is Sunday.」用了三個英文字，中文則是「今天是星期日」，用了六個中文字。而且英文單字的組成就是26個字母，中文字的組字部件則有數百個之多。於是，字形特別複雜難學。

由於早期人類的交流溝通，以語音為主，文字為輔，所以拼音文字特別容易作為文字系統。漢字號稱「兼表音義」，百分之八十左右為形聲字，但這是以認識大量文字之後為前提，才能發現某些部件「有時」可擔

任表音的功能，加上「形聲多兼會意」（如青、侖等），或因時空遞移所造成文字互用、混用的「轉注、假借」現象，文字音義的識辨顯得非常不容易。因此，從生活中的使用而言，幾乎很難直觀立即的認出字的「聲音」（聲符）。例如，以翰林版第一冊第二課課文為例：

小小羊出門去，走過小路，走過花田，看見小白兔。

這些幾乎都不能用所謂「聲符」的概念來引導學生學習漢字，因此才有前章所述「注音符號」輔助識字的需求。簡言之，「形音分離」是學習漢字難點之一。然而，漢字也有其特殊之處，最具特色的，即是其「擴充性」。

以老舍的小說《駱駝祥子》為例，據統計全文約有十萬字，但卻只用了2413個漢字。又根據其他研究，若以常用的三千字，便可組成四萬個詞語供句子使用，加以各式的網路創新用語（鄉民、肥宅、魯蛇、婉君等），日益生成，語文的變化可謂繁複多樣。此外，漢字可表徵諸多文化的源由，如象形字、書法藝術等，在此就不加陳述。

接續上節所述，凡事一體兩面，優缺兼具；就教學的思維而言，就要正視其難點，以適當的方法或策略來引導。例如漢字不表音、同音不同字、一字多音（歧音異義，如吃飯／口吃）、一音多調、字形複雜筆畫多（2000常用字平均為12.2畫）、字形相近難辨識、筆畫部件多容易忘等，皆要善用「比較辨析」、「意義聯想」等認知理解的策略來協助自己鞏固所習得的字音、字形與字義。

## 漢字的學習重點 ▶▶▶

承如上述，漢字學習有三大面向：字音、字形與字義。由於字音的學習與前章的「注音符號」學習關係密切，原則是先學好注音符號的認念、拼讀與書寫，即可透過生字旁所標注的注音，直拼其字音。若字形中具有「表音」的部件，即可提示學生，以加強或輔助字音的認識，如「爸」字

有「巴」；「倒」字有「到」；「試」字有「式」等。這是單字的認讀，另一方式即為「比較」分析，以鞏固其形音的連結。以下分別再依字形與字義的個別重點簡要說明之。

## 基本筆畫與筆順 ▶▶▶

國字的學習，採「先認後寫」原則（也可以說是「先識後寫」），亦即先認其音、識其義（若單字沒有顯著的意義，則以語詞指導，如「橡」字，應以「橡皮擦」的「橡」指導之）、辨其形，再逐筆逐畫的書寫練習，完成單字的學習。

東漢許慎言：獨體為文、合體為字。但無論文或字，都是由筆畫所構成。只要涉及筆畫，就需指導認識筆畫的樣子（亦稱筆形），以及其對應的筆畫名稱（如橫、豎、點、撇、捺、挑、橫折、豎折、橫鉤、豎鉤、斜鉤、臥鉤、橫折鉤、橫撇等）；開始書寫國字時，即以「筆順規則」一筆一畫建構正確的字形。

在談筆順規則之前，應先有個觀念。規則（或如下稱基本法則）並不是「標準」，會制定筆順規則，一方面是因為「效率」，凡事有規則，便能提升效能；另一方面，也是為了教學與學習的便利，無論指導或自學皆有所依。但這些規則，如先橫後豎（例如：十）；先撇後捺（例如：八）；從上到下（例如：豆）；從左到右（例如：河）；從外到內（例如：月）；由外到內，先裡面，後封口（例如：因）；先中間，後兩邊（例如：水）等，若遇到字形較為繁複者，筆畫的先後其實也不必刻意要求完全正確（如，戈、升、方、別、皮等）。畢竟，筆順只是寫字的歷程，將字寫「正確」、「端正」，漸次達到「美觀」才是學習目標。換言之，勿以類似「龜」字的第十筆是什麼筆畫名稱為評量的題目，這便有矯枉過正之嫌了。以下酌列教育部所公告的筆畫基本法則[3]17條供參：

---

3. 可詳閱教育部《常用國字標準字體筆順手冊》。

1. 自左至右：凡左右並排結體的文字，皆先寫左邊筆畫和結構體，再依次寫右邊筆畫和結構體。如：川、仁、街、湖。

2. 先上後下：凡上下組合結體的文字，皆先寫上面筆畫和結構體，再依次寫下面筆畫和結構體。如：三、字、星、意。

3. 由外而內：凡外包形態，無論兩面或三面，皆先寫外圍，再寫裡面。如：刀、勺、月、問。

4. 先橫後豎：凡橫畫與豎畫相交，或橫畫與豎畫相接在上者，皆先寫橫畫，再寫豎畫。如：十、干、士、甘、聿。

5. 先撇後捺：凡撇畫與捺畫相交，或相接者，皆先撇而後捺。如：交、入、今、長。

6. 豎畫在上或在中而不與其他筆畫相交者，先寫豎畫。如：上、小、山、水。

7. 橫畫與豎畫組成的結構，最底下與豎畫相接的橫畫，通常最後寫。如：王、里、告、書。

8. 橫畫在中間而地位突出者，最後寫。如：女、丹、母、毋、冊。

9. 四圍的結構，先寫外圍，再寫裡面，底下封口的橫畫最後寫。如：日、田、回、國。

10. 點在上或左上的先寫，點在下、在內或右上的，則後寫。如：卞、為、叉、犬。

11. 凡從戈之字，先寫橫畫，最後寫點、撇。如：戍、戒、成、咸。

12. 撇在上，或撇與橫折鉤、橫斜鉤所成的下包結構，通常撇畫先寫。如：千、白、用、凡。

13. 橫、豎相交，橫畫左右相稱之結構，通常先寫橫、豎，再寫左右相稱之筆畫。如：來、垂、喪、乘、舌。

14. 凡豎折、豎曲鉤等筆畫，與其他筆畫相交或相接而後無擋筆者，通常後寫。如：區、臣、也、比、包。

15. 凡以廴、辶為偏旁結體之字，通常廴、辶最後寫。如：廷、建、返、迷。

16. 凡下托半包的結構，通常先寫上面，再寫下托半包的筆畫。如：凵、函、出。

17. 凡字的上半或下方，左右包中，且兩邊相稱或相同的結構，通常先寫中間，再寫左右。如：兜、學、樂、變、嬴。

上述筆順基本法則前二條有所謂的「結構體」，其實就是所謂的「部件」。原則上，獨體字（單一完整的部件所成的字，如山、水、日、月等），要關注筆畫筆順的練習；若遇合體字（如許、育、健），則要讓學生先辨識部件結構（上下或左右或包圍等），先引導「結構筆順」的概念，若遇陌生部件，再指導該部件的「筆畫筆順」。為強化關鍵筆畫的正確性，若教材附有國字筆順逐筆圖示，則可要求學生圈出易誤的筆畫，或在旁用筆練習，可更有效率的指導字的正確性（言及此，在課堂中常見老師帶學生「書空」，也是方法之一）。

## 部首與部件 ▶▶▶

在國語課本中，對於單課生字，常見標示其「筆畫」及「部首」。筆畫是前述內容的自我檢核及字典檢索之用；部首呢？為何我們要指導學生辨析「部首」的位置？究竟，部首對於識字教學有何意義？在討論這問題前，且讓我們來挑戰一下，請指出下列國字的部首。（別急著查字典）

久、友、自、給、動、愛

好了，公布答案，這些字的部首分別為：久（丿）、友（又）、自（自）、給（糸）、動（力）、愛（心）。

簡單的說，部首乃由字形中的某筆畫、某筆畫組合，或是頭底偏旁的「部件」，經過某些定義或指定所成。大致上，可分為以下幾類：

（茲以108學年度翰林版第二冊的課文生字為例）

1. 獨體字的第一筆或第一部件：久、原、介、包、冒、亮。
2. 獨體字的「某一部分」筆畫或筆畫組合：友、直、才、可、再、坐、興、東、兩、正、事、卡、西。
3. 獨體字本身自己就是部首：色、自、己、片、方、用。
4. 合體字左邊或上面的部件：給、借、很、許、筆、完、雷、綠、朋。
5. 合體字右邊或下面的部件：敢、段、動、臺、當、朵、書、然、學。
6. 合體字的「某一個部件」：愛、幫、就、畫、帶。
7. 合體字自己就是部首：鼓。

試問，你在指認這些部首時，是否有些困擾？因為部首的辨識，其實是一件不容易的事。

以上的七類，除了以「形聲」原則形成的國字（就是形聲字啦），「可能」比較容易判斷其部首之外，其他在語文學習的過程中，大抵只能「死記強背」，更悲慘的是，背好了部首，有什麼作用？哦，可以查字典？（其實還有音序檢索、筆畫檢索、難字檢索等方法喲）什麼，可以輔助字義的理解？（你確定？你應該知道許多國字的部首與其字義的關係已經不太相關了……）

追本溯源，文字學家最初「指定」部首，除了含有文字學上「字源」研究的意義外，最主要的目的是為了讓字典得以「分類」呈現文字（因為漢字太多了，必須讓這些字有歸屬）。因此，在國字的部首教學上，應只是「輔助學習字義」的角色，而非「重要語文的知識」，更不建議做為定期評量必要或經常的評量內容。

相對而言，合體字的頭、底、偏、旁「部件」，即是識字學習的核心重點。大家都知道：獨體為「文」，合體為「字」；象形、指事大多為「單一部件」，如日月、上下，這是形成大量的「字」的基礎。

　　然而，只有這些獨體的部件，不夠文字記錄使用，因此透過「會意」、「形聲」來組合更多的文字。會意字的部件，原則上各有其義，如人言為信，止戈為武，就可以透過部件的意思來強化字義的認知（此時誰是部首，就不太重要了）。形聲字的部件，有的表音（就是聲符），不表音的，通常會擔任表義的功能（即所謂的形符），而「形符往往作為部首」（有沒有發現這是一項重要的規律！）。

　　不過，上面的規律，其實令人很心虛。因為另有一些「形聲兼會意」的現象，再加上「轉注」、「假借」關於字的大量交換運用，其實這規則，也存在著許多許多的例外。言及此，是不是很令人沮喪？那我們識字到底要教什麼？評量什麼？

　　其實也不必太難過，簡單的說，識字其實是靠學生的「認知累積」與「鞏固應用」所形成的知能。在此，僅提醒師長於識字教學的過程中，「部首」勿過度強調，反而應好好認知與活用「部件」的組字原理，「輕部首而重部件」，方能有效教學。

　　由上述可知，辨析部件組合，是識字過程中重要的認知學習。亦即，對於國字的筆畫形態與部件空間，應有一定程度的了解，這就是所謂「間架結構」的理解。承上所述，如小、三、羊等獨體字，著重於筆畫及筆順的指導；然而，許多獨體字也會成為其他「合體字」的部件，應指導學生觀察部件的組合關係，常見的結構如下：

1. 左右結構：平均（站）；左窄右寬（活）；左寬右窄（形）。
2. 左中右結構：相等（街）；不相等（做）。
3. 上下結構：相等（思）；上小下大（星）；上大下小（哲）；上窄下寬（弄）；上寬下窄（背）。

4. 上中下結構：相等（意）；不相等（鼻）。
5. 半包圍：左下包（建）；左上包（屋）；右上包（匈）；左包右（匹）；上包下（同）。
6. 全包圍：圓；國。

當學生能以部件作為如積木或拼圖般的獨立模組（如社區場景中的車子、房屋、門等），就可以降低對國字的認知負荷，而非一筆一畫的記憶字形，提升識字的效能。

## 識字教學的三大取向：隨文、字理、集中 ▶▶▶

關於此三大取向，先簡要陳述其概念：「隨文識字」指以語句的閱讀為基礎，由句拆詞，由詞識字，再指導該字的音、義、形。「字理識字」就是由字的源由或發展，說明該字的形成原理或意義，輔助與強化生字的學習。「集中識字」相對於隨文識字，乃將形近或音近的「文字家族」，一起比較與辨析，提高對生字的認知度。

## 單一國字的認知程序：正音、釋義、辨形 ▶▶▶

在談論三大取向之前，先概述一下單一國字的認知程序。建議採「正音」、「釋義」及「辨形」三步驟為之。

可從字音的聆聽開始，讓學生從平日所運用的語言中，提取熟悉的字音，與即將學習的文字作連結。例如，「一ㄤˊ」是「ㄊㄞˋ一ㄤˊ」的「一ㄤˊ」。

其次，為文字賦予其意義，也就是「釋義」，可促進對文字用法的了解。例如「太陽」的「陽」是指光明的樣子，與「陰」所代表的黑暗是相反的意思。所以，只要與「陽」有關的詞語，都有光明的意義，如「陽光」、「夕陽」、「艷陽」等。

最後，以「辨形」作單字的深刻記憶與強化理解。例如，「陽」是「阜」部，十二劃，筆順是⋯⋯。可配合相關提問如「有沒有哪一個部分已經學過了呢？」或「哪一部分或筆畫容易寫錯呢？」

通常單一國字的教學所費時間較長，雖然可針對字音、字義與字形逐一學習，但內容知識量大，某些字義與課文中的詞義也不見得相關（如「箏」字，到底是指「風箏」還是「古箏」，解釋就會有差異），致使單字逐一教學顯得較無效率。故今日各版本語文教材，幾乎皆以「隨文識字」作為主要的識字教學原則，輔以字理識字與集中識字，以下分述說明之。

## 隨文識字 ▶▶▶

不同年級識字指導的程序不太相同。低年級（尤其是一年級第一冊剛開始認識國字時）由於識字量不多，通常建議以課文的圖片或課名，與學生交流討論相關內容，也就是以「說話」聚焦重要詞語，再以課文的朗讀（此時學生已經具備直拼字音的能力），建立對課文情境的理解（例如，小小羊吃小草，希望自己快快長大）。

接著再引導至句子的理解，如老師問「小小羊在做什麼？」；學生回應「吃小草」。再由句子到語詞。在此，先離題談一下現代漢語的語用現象。

自民國初年的白話文運動以來，書面語文漸漸「口語化」，而口語化的現代漢語則有一項特徵──最小的語義單位漸由「詞」代替，而非「字」。亦即，有別於文言文或詩詞中的字，通常一字一義，如「白日依山盡，黃河入海流」，其語意的組成為「白＋日＋依＋山＋盡，黃河＋入＋海＋流」，除了「黃河」一詞要聯用不可分拆外，其餘皆是一字表一義，合成該句的意義。而現代漢語如果要說明這樣的景象，就會變成：「夕陽依傍著西山慢慢的沉沒，滔滔黃河朝著東海洶湧奔流」，其意義的

組成就會變成：「夕陽＋依傍著＋西山＋慢慢的＋沉沒，滔滔＋黃河＋朝著＋東海＋洶湧＋奔流」。有沒有發現一個顯著的現象，最小的意義通常由二個以上的字形成的詞來表示。

於此，建議教師應「由詞入手，讓學生學習有意義的文字」。例如，「封」這個字，單獨講授會有語意不明的情形；如果配合信封、封住、封條等課文中的語詞進行理解，學生對此字的意義更加的明瞭。換言之，「詞」有別於「字」，以目前的白話課文而言，「詞」才是最小的意義單位。單獨的字不一定具有意義，例如「螞」沒有意義，但「螞蟻」就比較清楚其義了。因此，眾家主張的「隨文識字」，在字義的理解層面上，也許可提升至「隨文識詞」──將生活化的語詞帶入識字中，將使學生對字義學習更具意義與效率。例如「把」這個字，可以告訴學生，是「手把」的「把」，還有「把東西拿來」的「把」。

## 字詞相繫，以詞帶字：關於詞義理解的五大策略 ▶▶▶

由於字音與字形的學習，其實就是重覆練習（多念、多寫），就會達到一定程度的鞏固。在識字教學的歷程中，字義是比較難處理的部分。然而，承上所述，字義可由「詞義」來學習，更可貼進素養導向「語用」的概念。換言之，「單字學音形，字義由詞義」的觀念是比較符合現代識字的實用目標，因此在十二年國課綱中，學習內容中的文字篇章，乃以「字詞」合學，同列於識字教學的範疇之中。以下概略介紹詞義理解[4]的五大策略：

1. 圖象理解：某些具體的名詞或動詞，可以透過圖片、插畫或動畫等呈現其意義，例如：向日葵、煙火、跑步、舉重等。
2. 構詞理解：某些詞可透過將詞拆解成字與字的組合，知曉其意思。例如，有「聯合關係」的──語言、動靜；有「偏正關係」的──

---

4. 此處雖稱「詞義」，仍因詞其實包含某些具有獨立完整意思的「字」，如「日、月、火、水、土」等；此時，這些字也帶有詞概念，在詞彙學上，我們稱之為「單音詞」或「單音節詞」。

雪白、優點；有「主謂關係」的——心急、膽大；有「述賓關係」的——得意、傷心；有「述補關係」的——提高、說明等。特別說明的是，中小學不必以語法的專有名詞指導，只要讓學生意會字與字組合形成的意思即可。

3. 類詞理解：類詞可分為近義詞或反義詞。例如：清楚、明白是近義；清楚、模糊則是反義。上課時可讓學生指出他的「好朋友」或「死對頭」，以理解相關的詞義。

4. 造句理解：某些詞語不易解釋，如尷尬、曖昧，則可以實際生活情境的例子，以造句的方式促進理解。例如，他們兩個人成天在一起不知道做些什麼事，實在有些曖昧。

5. 文意理解：某些詞語可以透過句段的上下文，讓學生推論其義。例如，「許同學前幾天才轉學到班上，許多事物對他來說都很陌生。於是老師請小香帶他去校園走走逛逛，讓他早日適應學校生活。」此句即可讓學生由「轉學」、「早日適應學校生活」等內容，推論「陌生」就是「不熟悉環境」的意思。

　　舉例說明五大詞語理解策略之後，以下再以一些例子呈現「隨文識字」的教學流程。

## 程序：由句取詞→由詞知義→辨析音形→應用練習 ▶▶▶

以〈黑面琵鷺之歌〉這篇課文的第一段為例

我是愛旅行的黑面琵鷺，
在秋葉飄落的季節，
從遙遠的北方，
攜家帶眷，
歷經艱難危險，

飛過萬水千山，
終於來到溫暖的臺灣。

在朗讀完這個段落之後（此段就是一個句子），首先出現「黑面琵
鷺」這個詞，即可以「圖象理解」的方式，讓學生於課文的圖片中認辨黑
面琵鷺的樣貌。其次，「攜家帶眷」這個四字語詞，即可以「構詞理解」
的方式，引導學生攜就是「攜帶」，眷就是「家眷」，重新組合後，原來
就是攜（家）帶（眷）的意思。此時也許「攜」、「眷」兩字的字音與字
形可進一步指導。另外一個子句的語詞是歷經「艱難危險」，什麼是「艱
難」呢？與「危險」的關係是什麼，此時師生可以「類詞理解」策略來引
導，並以「造句理解」來確認學生是否學習了這個詞彙。最後，為何末句
要使用「終於」一詞呢？是否與「歷經艱難危險、飛過萬水千山」有關
呢？沒錯，我們運用了「上下文的文意理解」策略來討論詞義與用法。

## 字理識字 ▶▶▶

字理識字又可稱為「字源識字」法，乃以教師口頭說明字源或以篇章
文字敘說某些文字的由來，協助學生加深對某些字音、字義或字形的認
識。

一般而言，自小學一年級開始，通常會先學筆畫或結構簡單的國字，
也就是獨體為「文」的文字（部件合體者為「字」），如日、月、山、水
等，此時即可應用「象形」的造字原理，來加強學生的記憶。除了象形以
外，也能依指事、會意、形聲等造字原理，或轉注、假借等用字原則，也
就是所謂的六書，來輔助文字的認知學習。以下快速的復習「六書」：

可概分為三類，單一部件的獨體「文」（即象形、指事），二個以上
部件合體的「字」（即會意、形聲），以及因時空變化或需求所造成的

「用」（即轉注、假借）。象形者，以具體事物形繪而成的文字，例如：牛、羊、水、田；指事者，將抽象概念以符號表示，例如：上、下、天、夫；會意，結合獨體字形成聯合的意義，例如：武、信、取、休、采、从、众；形聲，以形符（通常是其部首，加上表示字音的聲符，例如：江、河；轉注，即多字一義，互相轉注使用，例如：考、老；假借，一字多義，原有其義，借爲它用，例如：令、長等。

以字理識字教學時，初學者通常爲以前四者的認知輔助爲主：象形、指事可知單一部件之趣味，會意可解部件聯合的意思，至於占了大量比例的形聲字，可讓學生結合已知的注音，與其中的部件對應，未發聲者通常爲部首，帶有部分的意思，這是判斷「部首」的方法策略之一。

形聲字的類型有左右、上下、內外等不同組合，如左形右聲（江、松、城、釘）；右形左聲（戰、鴨、期、功）；上形下聲（竿、花、雯、空）；上聲下形（盲、裝、梨、想）；內形外聲（翅、悶、辨、問）；內聲外形（固、閣、府、遠）。然而，有原則，就有例外，如綻、法、涎、活、陣、棵等。此部分的教學不在於讓學生「記憶」這些形聲字部件的關係，只要知道漢字發展的過程中，爲了文字的便於發音，也有一些字是以部件表音，以利認念，有此觀念即可。

在目前中小學課文中，除了以課後統整活動的教材內容補充文字的發展，也有些課文專篇談論漢字的源由與變化，例如，翰林版曾經在第九冊的補充閱讀課文編撰了〈巧妙的中國文字〉一文，介紹了象形（鳥、烏）、指事（上、下）、會意（休、男）、形聲（鵝、雞、鴨）等造字的原則。

另外，也可以字謎來增加識字的趣味，如十個人、十張嘴巴、口中有十。或者以趣事來說明，如某小孩橫寫自己名字，被看成「朱肚皮」，其實是「朱月坡」；或者外國的孩子練習寫自己的中國名字「柯鵬」，寫成「不可月月鳥」等。

## 集中識字 ▶▶▶

「集中識字」意指「為識字而識字」，主要方法是將「形狀相似」或「字音相近」的字集中起來，以較短的時間學會較多的字。為了提高學生的興趣，通常會利用一些歌謠或順口溜，加以編寫，例如：有土作墳「墓」，有巾是布「幕」，有手好臨「摹」，有心真羨「慕」。中國大陸曾提出採用這種學習法的研究報告，顯示二年級的學生可以學會一千五百字左右，四年級可學會三千多字，到五、六年級已經可以進行大量閱讀了。這種作法所累積的識字量幾乎是臺灣目前課綱訂定識字量的一倍，顯得非常有效率。

然而，凡事往往不能盡全，在有限的時間內，容易顧此而失彼。若投入大量時間進行集中識字，則可能相對減少了閱讀或寫作的時間，即便短時間認識大量的國字，也可能因為不常使用而漸漸遺忘。此外，雖說識字量對閱讀而言，是重要的基礎，但若缺乏相應的生活經驗或脈絡背景，閱讀理解的程度也不一定能提升。

因此，各版本國語教材通常在課後的練習設計或單元統整練習，會設計相關的「集中識字」項目，供學生辨析與比較。例如同音字（戴、帶；克、刻；眶、筐、框；響、饗；搭、答；侯、候；後、后等）、多音字（差異、出差、參差不齊、差不多；薄薄的紙；薄荷），而為避免字音、字形混淆最好的方法，就是「詞語比較」，以詞、短語，甚至是句子，比較其音義上的差異。

除了字音之外，由於漢字是「一字一形」，若不同的字在筆畫或部件略有所異（即所謂的形近字），則容易產生錯誤。例如，「部件不同」的字：密、蜜；博、搏；梁、粱；「點畫增減」造成不同的字：幻、幼；斤、斥；王、玉；侯、候；「筆畫變化」造成不同的字：干、千；刀、力；未、末；已、己。

寫字的指導，以避免錯別字為原則。「錯字」是指字典裡沒有的字

（沒錯，就是學生自行增減筆畫或部件形成的「新字」），如：步、琢，容易有筆畫增減的情形；殘廢、輝煌則容易出現偏旁誤置的狀況。另外就是「別字」（又稱白字），則是因為音近或形近產生的替代現象，有同音錯代，如甜密、堅苦、刻服；也有形近錯代，如辨論、派遺、憤恕；還有理解誤置，如事非、再接再勵等。此外，因為兩岸交流的關係，有些簡化字參用的情形，如年齡、体育等。

基於上述的寫字錯誤類型，建議以下簡要提出幾項可改正錯別字的教學策略：

1. 語句輔助理解字義：如你「再」試一次、我們「在」這裡。
2. 新舊經驗辨析比較：哪幾個字學過了？哪幾個字容易寫錯？
3. 國字搭配語詞練習：「辛」苦、「幸」福。
4. 國字混合配對練習：將「枝、技」和「樹 特 花 術 葉」配對成詞。
5. 克漏字、填一填：（　）然一新；千（　）一髮。
6. 修正句子的字詞：代我問侯你的父親；諸候群眾準備攻擊。
7. 易錯筆畫找一找：歡樂、善良。
8. 聲音藏在字裡面：訂、釘、盯、叮。

再說一次，避免字音、字形混淆最好的方法，還是「比較」。當然，善用工具書、線上字辭典及教育部或國家教育研究院提供的相關資源也都是很好的方式。

## 多元活潑的識字教學 ▶▶▶

識字與寫字的學習，其實是非常技術性的學習歷程，常認、常寫就會精熟，幾乎是不變的道理。但許多老師為了增加課堂內容的活潑與多元。會採用諸如「直觀識字法」讓學生充分運用想像力，如想像「叼」這個字如同某人的嘴巴有一支菸，正冒出一個圓圈圈的煙。也可以採用「部件組

裝法」，如「想」字可以拆成哪些學過的部件，又可以和其他部件組成哪些新的字？另外，「字謎分析法」也經常在課堂中運用，如「月月不分離，好比親兄弟」猜一個字。最後，坊間也有一些為識字設計的字訣，運用「口訣朗誦法」，如「要知甘蔗甜不甜，先用舌頭舔一舔」來強化對「甜」字的印象等。

　　總之，教學有其技術面，也有其藝術面，在基本的認知原則之下，可多元變化，並加諸生活情境的應用，使學生善於識字、樂於寫字，讓文字成為其生活中重要的工具之一，即是語文素養的具體展現。

# 素養導向識字教學示例：〈曹沖秤大象〉

　　識字與寫字是語文理解與表達的重要基礎，猶如任何偉大的建築，都需要各式的木、石或泥料組建而成；因此，我們常將「字」或「詞」視之為「語料」（語文的基本材料）。本文將先從十二年國教語文課程綱要內容，進行學習重點分析，接著進行翰林版三下第十三課〈曹沖秤大象〉的學習文本分析，最後呈現教學活動設計三者，重點在於識字與寫字的教學示例，以供教學參考之用。

### 學習重點分析 識字與寫字

　　分析十二年國教國語文領綱中，第二學習階段的「識字與寫字」兩項能力的要求。在學習表現方面，關於「識字」期待學生能認識常用國字至少1800字，使用1200字；利用部件，擴充識字量；查字辭典；能分辨形近、音近字詞；利用字義推論詞義。關於「寫字」則要求學生能掌握偏旁變化和間架結構要領，並能書寫正確及工整的硬筆字；中年級亦可練習毛

筆（對於筆墨紙硯的使用方法），以掌握楷書筆畫的書寫方法，另外，對於古今書法名家的故事也能略有知曉。

　　若從學習內容視之，除了常用字的字形、字音和字義要確實了解外，亦要能掌握常用字部首及部件的表音及表義功能，也要能覺察國字組成詞彙的構詞規則；另外，如詞類的分辨，量詞的運用也是學習重點。

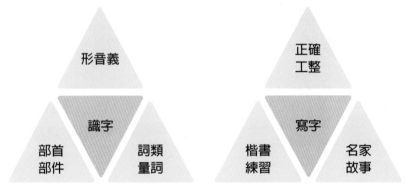

圖14　識字與寫字的學習重點

**學習文本分析**　〈曹沖秤大象〉

　　進行任何語文教學設計之前，必須對學生的學習文本進行分析，對應設定的教學目標，找出關鍵的學習重點，方能有利於下一階段的精準設計。以下為識字與寫字相關的文本分析：

三國時代，有個人叫曹操。一天，有人送給他一頭大象。曹操很高興，就帶著兒子和朋友們一同去看大象。

這頭象又高又大，身子像一堵牆，腿像四根柱子。大家一邊觀看，一邊七嘴八舌的加入討論，這麼大的象，到底有多重呢？

曹操問：「誰有辦法把這頭大象秤一秤？」有人說：「這得先砍下一棵大樹做秤桿，好做成一個大秤。」有人說：「有了大秤也不行，誰有那麼大的力氣提得起這個大秤呢？」還有人說：「不如把大象宰了，割成一塊一塊的再秤。」曹操聽了直搖頭。

曹操的兒子曹沖那時才七歲，他站了出來，說：「我有個好辦法。先把大象牽到一艘大船上，看船身下沉多少，就沿著水面，在船身上畫一條線。再把大象趕上岸，往船上裝石頭，直到船下沉到畫線的地方。然後，秤一秤船上的石頭，石頭有多重，就知道大象有多重了。」

曹操聽了，笑著點點頭。他叫人照曹沖說的方法去做，果然秤出了大象的重量。

翰林版三下第十三課〈曹沖秤大象〉課文

　　本課的「生字」有：曹、秤、堵、柱、論、砍、桿、宰、割、塊、歲、艘、沿、岸等14個字，皆為課本歸類的「習寫字」（皆有田字格），因此要逐一判斷其音、形、義的難易度。就教師而言，對於生字的分析，可先依自己班上學生的經驗或能力，粗分為兩類。以下為我個人在「內心」的難易度計分表：

| 生字 | 曹 | 秤 | 堵 | 柱 | 論 | 砍 | 桿 | 宰 | 割 | 塊 | 歲 | 艘 | 沿 | 岸 |
|------|---|---|---|---|---|---|---|---|---|---|---|---|---|---|
| 形 | 2 | 1 | 1 | 1 | 1 | 1 | 1 | 1 | 2 | 2 | 3 | 2 | 1 | 2 |
| 音 | 2 | 2 | 2 | 1 | 2 | 2 | 1 | 2 | 1 | 1 | 1 | 3 | 1 | 1 |
| 義 | 1 | 1 | 2 | 1 | 1 | 1 | 2 | 3 | 1 | 1 | 1 | 2 | 3 | 2 |
| 詞語 | 曹操 | 秤 | 一堵牆 | 柱子 | 討論 | 砍下 | 秤桿 | 宰 | 割成 | 一塊 | 七歲 | 一艘船 | 沿著 | 趕上岸 |
| 總 | 5 | 4 | 5 | 3 | 4 | 4 | 4 | 6 | 4 | 4 | 5 | 7 | 5 | 5 |

難度：難3；中2；易1，總分5分以上則爲重點字

註：這張表是個人心裡估計字難易度的表徵，並不鼓勵老師們實際這麼計算。

**❶ 常熟字**：只要總得分在4分以下的字，我認爲學生應可在課前預習自學。本課有：秤、柱、論、砍、桿、割、塊等7個字。

**❷ 生難字**：總分爲5分以上的字，爲識字教學的重點，可再分爲形難、音難、義難，或都很難。依此，本課最難的字，就是「宰」和「艘」了。至於如何教學，待教學設計再說明。

1. 形難：歲（字形複雜）。
2. 音難：艘（平舌音、同音字也少）。
3. 義難：宰（口語）、「沿」著（介詞）。
4. 綜合：「曹」操（人名）、堵（單位詞）、岸（名詞）。

前述內容中，我們對於十二年國教國語文領綱中的識字與寫字，以及課文中的生難字詞，進行了識寫重點分析。以下即基於上述的分析結果，以三大識字教學法爲例，呈現教學活動設計。

**教學活動設計　部件識字與隨文識字**

**❶ 準備活動**：學生會的字和不太會的字（經驗回顧）

「各位同學好，昨天讓你們回去把每一個生字各寫二遍？

來說說有沒有哪些字，你已經會寫也會念，不用老師特別教的？」

請學生拿出生字簿，小組討論，再發表。老師將生字卡準備好。

如果學生可以指出，如秤、柱、論、砍、桿、割、塊這些字，也會寫也會念。

就隨機請幾位學生上來寫與念。

「好，接下來，我們就來處理一些比較難的字了。」

2 發展活動：先隨文、後部件，偶字源

1. 「曹」操：我們看到第一段有個曹，是指什麼呢？對，是曹操的曹，這是一個人的姓，注意，是平舌的ㄘ。有沒有人來說說曹這個字的下面是日，上面像什麼？沒錯，上面就是曲字再加上一橫，你的觀察很棒！（隨文識字）

2. 堵：課文說大象像一堵牆，這裡的堵是什麼意思？對，是單位詞，是一面牆。請注意堵的讀音，不念者。（隨文識字）

3. 宰：這個字不難寫，注意讀「窄」，不讀「辛」。宰是什麼意思呢？我們來看課文：把大象宰了，割成一塊塊。這有點殘忍吧？誰來說說是什麼意思？對，就是「殺」的意思，只是更口語一些。（隨文識字）

4. 歲：這個字的音和義都不難，同學們只要注意它由哪些部件組成，以及寫的順序就好。沒錯，先寫「止」，接著「厂」；再來是最容易錯的，像「少」的部件，注意它右邊的點爬到上頭變成「一」了。最後完成「戈」。很棒，我們再多練幾遍吧！（部件識字）

5. 艘：這個字和堵一樣是個單位詞，表示什麼東西的數量呢？請看課文。對，一「艘」船。這個字比較難寫的是右邊，但我們應該看過吧？對，就是胖瘦的瘦字裡面的部件。（部件識字）

6. 沿：課文的詞是「沿著」。我們來看看這個有趣的字。這個字的右邊，上面是「八」，有分開的意思；下面是「口」，像是一個石頭般的障礙物，也就是某種東西被順勢分開了。再加上左邊有水部，那會有什麼意思呢？對，水遇到石頭順勢分流了。漢字是不是很有意思呢？（字源識字）

7. 岸：把大象趕上「岸」，這個岸是什麼意思呢？對，就是河邊。

❸ 綜合活動：生活情境、問題解決

「這課比較重要的生字我們都學過一遍了，有沒有人可以用今天學過的字或詞來造句呢？」

如：秤重、單位詞（堵、塊、艘）、討論、動作詞（砍、宰、割）等。

請學生看課本自我思考，並試著自己造句，再進行小組分享。

建議先用課本詞彙來造詞，以免過度延伸，反而忘了課本所學。

**教師課堂總結**

當我們學習字詞時，應該先回想這些生字中，有哪些字曾經看過或聽過，或者字的某些部分學過了，自己可以試著拼讀與書寫。真的遇到比較難的字形、字音或字義，透過小組討論，並提出來一起學習。

想要認識字的意思，通常要回到課文去看看它的「詞語」是什麼，先從課文的句子或圖片想想可能的意思是什麼，或者哪個詞的意思是相近的，或相反的。其次，在認識字形時，我們可以「觀察」字的「部件」，進行拆解，也許可以猜出它可能的意義，也許你會猜對喔！

最後，漢字最迷人的地方是，以圖像或其組合來表示意思，像今天教的「沿」著，就有「順著」的意思，是不是很有趣呢？

所以，認識字詞的意思，有三大策略方法，分別是：文句推想、部件拆組、字源探究。希望你們以後都能善用這些識字策略！

## 【遇見‧語文素養】 倉頡

成都的朋友，好奇的看著我打字。

他問：你用的是什麼輸入法呀？我說是「倉頡輸入法」，以字的常用筆畫或部件對應於26個字母。好處是不太需要選字。

他又問：臺灣人都用這種輸入法嗎？

我想了一下，說：其實不多耶，可能因為我有點年紀了，一開始就學習使用這種輸入法（那時我覺得這應該是最快的打字方法了）。

此時，我想起了過往的一段「機」遇。

當時讀師院，每位學生都要修一門「鍵盤樂」的課，那也是我最痛苦的課，因為入學時我連五線譜都看不懂，經常要找時間去大教室彈風琴練習拜爾（我完全可以理解何謂符號識別障礙），我最害怕鍵盤樂教授嚴厲的眼神，以及不耐煩的語氣。（比如，你怎麼一直找不到**Do**在哪，你確定你手指沒問題……）

有一次，老師生氣了（我實在彈得太糟），「你連鋼琴都彈不好，你還會什麼呀？」

「我……我……彈琴不行，但我會打字。」

老師突然睜大眼睛，停了三秒，「你會打字？打得快嗎？」

「嗯，我用倉頡，一分鐘應該可以三十個字。」

「好，那你來當我的研究助理，幫忙打字。」

於是大三那年，我開始了研究助理的生涯，漸漸知道如何申請研究計畫，如何設計多媒體教學，如何寫成果報告等，現在我擁有的許多基礎能力，都是那些日子在摸索中建立的。

回到前話，我怎麼會「倉頡」輸入法呢？

也是大三那年，那時的光華商場是全臺最大的資訊商場，逛完後，隱約感覺到未來應該會是電腦無所不在的世界。不久，我花了一整年賺到的家教費，大概五萬多吧，買了一組個人電腦，擺在宿舍的桌上。

　　我問賣電腦的朋友，我現在能做什麼？

　　他望了我一眼，先學打字吧，把倉頡練好，應該有用。

　　對，其實我不知道當時電腦對我有何作用（那時的課業主要是對中國思想史、文心雕龍等點書批注）。當然，我也沒想到，我這一路走到學術研究的路線，竟都跟「倉頡」有著密切的關係。

　　人生就是這麼奇妙！

　　我回過神來，跟朋友說一句話：

　　「人生總是抉擇難定，

　　與其理性判斷，不如順憑直覺，

　　也許會是更好的決定。」

　　朋友，摸不著頭緒，也笑了。

# 06

閱讀教學

無論是以往的語文課程標準或是2000年之後開始實施的課程綱要，在教材編選或教學實施等項次下，總會提及如：「教材編選應強調語文能力的統整性，以閱讀爲軸心，結合聆聽、口語表達、識字、寫字，以及寫作的教學，全面強化學生語文能力的發展」，或者「應配合閱讀理解策略的認識及運用，第一學習階段強調口語表達與識字；第二至三學習階段強調詞彙與句型的學習，段落與篇章的閱讀」等與閱讀教材或閱讀教學相關的內容。甚至，於十二年國教國語文領綱提列了「閱讀素養教育」的重大議題，揭示「養成運用文本思考、解決問題與建構知識的能力；涵育樂於閱讀態度；開展多元閱讀素養」等，皆足以證明閱讀教學是語文教學的核心重點。

　　以下針對十二年國教國語文領綱所列「閱讀教學」學習重點的學習表現與學習內容（文字篇章、文本表述、文化內涵），討論其要義，並作爲教學方法與原則之參考。

 # 學習表現與學習內容

　　十二年國教國語文領綱所列閱讀學習表現條目甚多（居六大學習表現之冠），內容細緻多元，以下簡要分析與說明之。

## 閱讀學習表現 ▶▶▶

| 學習階段 | | 學習表現 |
|---|---|---|
| 第一學習<br>階段 | 5-I-1 | 以適切的速率正確地朗讀文本。 |
| | 5-I-2 | 認識常用標點符號。 |
| | ◎5-I-3 | 讀懂與學習階段相符的文本。 |
| | 5-I-4 | 了解文本中的重要訊息與觀點。 |
| | 5-I-5 | 認識簡易的記敘、抒情及應用文本的特徵。 |
| | 5-I-6 | 利用圖像、故事結構等策略,協助文本的理解與內容重述。 |
| | 5-I-7 | 運用簡單的預測、推論等策略,找出句子和段落明示的因果關<br>係,理解文本內容。 |
| | 5-I-8 | 認識圖書館(室)的功能。 |
| | 5-I-9 | 喜愛閱讀,並樂於與他人分享閱讀心得。 |
| 第二學習<br>階段 | 5-II-1 | 以適切的速率朗讀文本,表現抑揚頓挫與情感。 |
| | 5-II-2 | 理解各種標點符號的用法。 |
| | ◎5-II-3 | 讀懂與學習階段相符的文本。 |
| | 5-II-4 | 掌握句子和段落的意義與主要概念。 |
| | 5-II-5 | 認識記敘、抒情、說明及應用文本的特徵。 |
| | 5-II-6 | 運用適合學習階段的摘要策略,擷取大意。 |
| | 5-II-7 | 就文本的觀點,找出支持的理由。 |
| | 5-II-8 | 運用預測、推論、提問等策略,增進對文本的理解。 |
| | 5-II-9 | 覺察自己的閱讀理解情況,適時調整策略。 |
| | 5-II-10 | 透過大量閱讀,體會閱讀的樂趣。 |
| | 5-II-11 | 閱讀多元文本,以認識議題。 |
| | 5-II-12 | 主動參與班級、學校或社區的閱讀社群活動。 |
| 第三學習<br>階段 | 5-III-1 | 流暢朗讀各類文本,並表現抑揚頓挫的變化。 |
| | 5-III-2 | 理解各種標點符號的用法與表達效果。 |
| | ◎5-III-3 | 讀懂與學習階段相符的文本。 |
| | 5-III-4 | 區分文本中的客觀事實與主觀判斷之間的差別。 |
| | 5-III-5 | 認識議論文本的特徵。 |
| | 5-III-6 | 熟習適合學習階段的摘要策略,擷取大意。 |
| | 5-III-7 | 連結相關的知識和經驗,提出自己的觀點,評述文本的內容。 |
| | 5-III-8 | 運用自我提問、推論等策略,推論文本隱含的因果訊息或觀點。 |
| | 5-III-9 | 因應不同的目的,運用不同的閱讀策略。 |
| | 5-III-10 | 結合自己的特長和興趣,主動尋找閱讀材料。 |
| | 5-III-11 | 大量閱讀多元文本,辨識文本中議題的訊息或觀點。 |
| | 5-III-12 | 運用圖書館(室)、科技與網路,進行資料蒐集、解讀與判斷,<br>提升多元文本的閱讀和應用能力。 |

(續下頁)

| 學習階段 | 學習表現 | |
|---|---|---|
| 第四學習<br>階段 | 5-IV-1 | 比較不同標點符號的表達效果，流暢朗讀各類文本，並表現情感的起伏變化。 |
| | 5-IV-2 | 理解各類文本的句子、段落與主要概念，指出寫作的目的與觀點。 |
| | 5-IV-3 | 理解各類文本內容、形式和寫作特色。 |
| | 5-IV-4 | 應用閱讀策略增進學習效能，整合跨領域知識轉化為解決問題的能力。 |
| | 5-IV-5 | 大量閱讀多元文本，理解議題內涵及其與個人生活、社會結構的關聯性。 |
| | 5-IV-6 | 運用圖書館（室）、科技工具，蒐集資訊、組織材料，擴充閱讀視野。 |
| 第五學習<br>階段 | 5-V-1 | 辨析文本的寫作主旨、風格、結構及寫作手法。 |
| | 5-V-2 | 歸納文本中不同論點，形成個人的觀點，發展系統性思考以建立論述體系。 |
| | 5-V-3 | 大量閱讀多元文本，探討文本如何反應文化與社會現象中的議題，以拓展閱讀視野與生命意境。 |
| | 5-V-4 | 廣泛運用工具書及資訊網絡蒐集、分析資料，提高綜合學習和應用能力。 |
| | 5-V-5 | 主動思考與探索文本的意涵，建立終身學習能力。 |
| | 5-V-6 | 在閱讀過程中認識多元價值、尊重多元文化，思考生活品質、人類發展及環境永續經營的意義與關係。 |

　　閱讀學習表現共有36條，分五個學習階段逐次達成。觀諸這些學習表現的內容，可知其重點包含朗讀、標點符號、各類文本的閱讀理解、辨識各類文本的特徵、多層次的閱讀理解歷程、多元閱讀理解策略、圖書閱讀資源或科技工具的運用，及閱讀的興趣、態度與批判思考等。

　　上述閱讀學習表現是對學生閱讀能力所設定的目標，為了達成這些目標，必須透過具體的學習內容來達成。在國語文領域的學習內容之中，除了以注音符號與字詞作為閱讀的基礎之外，在文字篇章中的「句段」、「篇章」及「文本表述」的各階段序列，乃至於閱讀材料所寓含的「文化內涵」，都與閱讀密切相關。以下簡要說明之：

句段

| 學習階段 | 學習內容 |
|---|---|
| 第一學習階段 | Ac-I-1 常用標點符號。<br>Ac-I-2 簡單的基本句型。<br>Ac-I-3 基本文句的語氣與意義。 |
| 第二學習階段 | Ac-II-1 各種標點符號的用法。<br>Ac-II-2 各種基本句型。<br>Ac-II-3 基礎複句的意義。<br>Ac-II-4 各類文句的語氣與意義。 |
| 第三學習階段 | Ac-III-1 標點符號在文本中的作用。<br>Ac-III-2 基礎句型結構。<br>Ac-III-3 各種複句的意義。<br>Ac-III-4 各類文句表達的情感與意義。 |
| 第四學習階段 | Ac-IV-1 標點符號在文本中的不同效果。<br>Ac-IV-2 敘事、有無、判斷、表態等句型。<br>Ac-IV-3 文句表達的邏輯與意義。 |
| 第五學習階段 | Ac-V-1 文句的深層意涵與象徵意義。 |

　　以句段內容視之，閱讀要能讀懂標點符號、能理解句式（單句、複句）與句型（敘事、有無、判斷、表態等）、能理解各類文句的語氣、意義、邏輯與象徵（其實就是理解句子的修辭效果）。

篇章

| 學習階段 | 學習內容 |
|---|---|
| 第一學習階段 | Ad-I-1 自然段。<br>Ad-I-2 篇章的大意。<br>Ad-I-3 故事、童詩等。 |
| 第二學習階段 | Ad-II-1 意義段。<br>Ad-II-2 篇章的大意、主旨與簡單結構。<br>Ad-II-3 故事、童詩、現代散文等。 |

（續下頁）

| 學習階段 | 學習內容 |
|---|---|
| 第三學習階段 | Ad-III-1 意義段與篇章結構。<br>Ad-III-2 篇章的大意、主旨、結構與寓意。<br>Ad-III-3 故事、童詩、現代散文、少年小說、兒童劇等。<br>Ad-III-4 古典詩文。 |
| 第四學習階段 | Ad-IV-1 篇章的主旨、結構、寓意與分析。<br>Ad-IV-2 新詩、現代散文、現代小說、劇本。<br>Ad-IV-3 韻文：如古體詩、樂府詩、近體詩、詞、曲等。<br>Ad-IV-4 非韻文：如古文、古典小說、語錄體、寓言等。 |
| 第五學習階段 | Ad-V-1 篇章的主旨、結構、寓意與評述。<br>Ad-V-2 新詩、現代散文、現代小說、劇本。<br>Ad-V-3 韻文：如辭賦、古體詩、樂府詩、近體詩、詞、散曲、戲曲等。<br>Ad-V-4 非韻文：如古文、古典小說、語錄體、寓言等。 |

在篇章的部分，大抵分為篇章理解的重點與篇章文本的類型二者。篇章理解的重點有：自然段與意義段的判斷，大意、主旨、結構、寓意、分析與評述的理解；篇章文本的類型依學習階段則遞次為：故事、童詩、現代散文、少年小說、兒童劇、新詩、現代小說、劇本、古典韻文（古體詩、樂府詩、近體詩、詞、曲等）、古典散文（古文、古典小說、語錄體、寓言等）。

在十二年國教國語文領綱中，學習內容分為三大面向，分別為上述之文字篇章、文本表述、文化內涵。文字篇章與文化內涵是閱讀教學之「內容深究」的重點（包含詞句辨析、段篇理解與文化相關議題延伸探討等），文本表述則為「形式深究」的重點。由於形式深究主要目的是「理解寫作手法，並適切學習模仿或創作」，與寫作教學較為相關。故「文本表述」內容之相關討論，請參見下一章寫作教學。在此接續說明閱讀教學中的文化理解與回應。

## 文化內涵 ▶▶▶

何謂「文化」？簡單的說，就是與人類有關的一切物質、制度、信念、信仰與價值觀等有形或無形的內容。語文作為人類流傳下來的知識、思想、觀念的載體，也是創意思考、抒發情感、展現價值觀的工具，與文化的關係可謂密不可分。課綱中區分出物質文化、社群文化及精神文化三大類，以下羅列並簡要說明。

1. 物質文化：各類文本中與生活有關的食、衣、住、行及科技等文化內涵。

| 學習階段 | | 學習內容 |
|---|---|---|
| 第一學習階段 | Ca-I-1 | 各類文本中與日常生活相關的文化內涵。 |
| 第二學習階段 | Ca-II-1 | 各類文本中的飲食、服飾、交通工具、名勝古蹟及休閒娛樂等文化內涵。 |
| 第三學習階段 | ◎Ca-III-1 | 各類文本中的飲食、服飾、建築形式、交通工具、名勝古蹟及休閒娛樂等文化內涵。 |
| | Ca-III-2 | 各類文本中表現科技演進、環境發展的文化內涵。 |
| 第四學習階段 | ◎Ca-IV-1 | 各類文本中的飲食、服飾、建築形式、交通工具、名勝古蹟及休閒娛樂等文化內涵。 |
| | ◎Ca-IV-2 | 各類文本中表現科技文明演進、生存環境發展的文化內涵。 |
| 第五學習階段 | ◎Ca-V-1 | 各類文本中的飲食、服飾、建築形式、交通工具、名勝古蹟及休閒娛樂等文化內涵。 |
| | ◎Ca-V-2 | 各類文本中表現科技文明演進、生存環境發展的文化內涵。 |
| | Ca-V-3 | 各類文本中物質形貌樣態的呈現方式與文本脈絡的關聯性。 |

物質文化即指與日常生活有關的物質所呈現出的文化內涵，如飲食、服飾、交通工具、名勝古蹟及休閒娛樂，或是可表現科技文明演進、生存環境發展相關內容皆屬之。也就是眼見一切，目可及之者，皆可體現其物質所隱含的文化價值。在語文領域中，主要展現在「飲食文學」、「旅行文學」等文本之中。

2. 社群文化：各類文本中與社群有關的倫理、規範、制度等文化內涵。

| 學習階段 | 學習內容 | |
|---|---|---|
| 第一學習<br>階段 | ◎Cb-I-1 | 各類文本中的親屬關係、道德倫理、儀式風俗等文化內涵。 |
| | Cb-I-2 | 各類文本中所反映的個人與家庭、鄉里的關係。 |
| 第二學習<br>階段 | ◎Cb-II-1 | 各類文本中的親屬關係、道德倫理、儀式風俗等文化內涵。 |
| | ◎Cb-II-2 | 各類文本中所反映的個人與家庭、鄉里、國族及其他社群的關係。 |
| 第三學習<br>階段 | ◎Cb-III-1 | 各類文本中的親屬關係、道德倫理、儀式風俗、典章制度等文化內涵。 |
| | ◎Cb-III-2 | 各類文本中所反映的個人與家庭、鄉里、國族及其他社群的關係。 |
| 第四學習<br>階段 | ◎Cb-IV-1 | 各類文本中的親屬關係、道德倫理、儀式風俗、典章制度等文化內涵。 |
| | ◎Cb-IV-2 | 各類文本中所反映的個人與家庭、鄉里、國族及其他社群的關係。 |
| 第五學習<br>階段 | ◎Cb-V-1 | 各類文本中的親屬關係、道德倫理、儀式風俗、典章制度等文化內涵。 |
| | ◎Cb-V-2 | 各類文本中所反映的個人與家庭、鄉里、國族及其他社群的關係。 |
| | Cb-V-3 | 各類文本中所反映不同社群間的文化差異、交互影響等現象。 |
| | Cb-V-4 | 各類文本所呈現社群關係中的性別、權力等文化符碼。 |

　　社群文化指某一時空下的人群所共同持有的倫理、規範、制度及價值觀等內涵。包含各類的人際關係、儀式風俗及典章制度等文化內涵，甚至是性別、權力等文化符碼，用以分析與比較社群間文化差異、交互影響等現象。例如現行教材中對於過去的臺灣鄉土文學、原住民族或新住民的文化書寫，如吳晟的〈泥土〉或是〈山豬學校 飛鼠大學〉皆是體現社群文化的文本範例之一。

3. 精神文化：各類文本中所蘊含的藝術、信仰、思想等文化內涵。

| 學習階段 | 學習內容 |
|---|---|
| 第一學習階段 | ◎Cc-I-1　各類文本中的藝術、信仰、思想等文化內涵。 |
| 第二學習階段 | ◎Cc-II-1　各類文本中的藝術、信仰、思想等文化內涵。 |
| 第三學習階段 | ◎Cc-III-1　各類文本中的藝術、信仰、思想等文化內涵。 |
| 第四學習階段 | ◎Cc-IV-1　各類文本中的藝術、信仰、思想等文化內涵。 |
| 第五學習階段 | ◎Cc-V-1　各類文本中的藝術、信仰、思想等文化內涵。<br>◎Cc-V-2　各類文本中所反映的矛盾衝突、生命態度、天人關係等文化內涵。 |

　　精神文化偏屬於某些群體「形而上」的思想內涵，如各類文本中關於藝術、信仰或思想觀念等，可反映出其矛盾衝突、生命態度、天人關係等，例如劉禹錫的〈陋室銘〉或陳之藩的〈謝天〉等皆屬之。

　　綜合前述可見三類文化內涵與語文教材之間具有相當程度的關係。若將語文視為承載文化內容的工具之一（如貨車的貨櫃），那語文教學的任務，即是將透過教學引導，讓學生能理解，進而探究相關文化的內涵。然而，本書限於篇幅，難以梳理語文教學與此三類文化內涵的關係，僅能於此提醒師長於教材解讀與學習引導時，可透過語文、文學，進而拓展至文化層面的理解，以利語文與文化關聯的學習。

　　上述內容針對領綱與閱讀有關的學習表現，及與閱讀素材相關的學習內容梳理之後，下一節將依此精神與要點，進一步說明閱讀教學的方法與原則。

# 觀念、方法與原則

　　一直以來，國語文領域教學皆倡議以「閱讀」教學為核心，同時結合聆聽、說話、寫作等各項語文活動作為主要的教學取向，可見閱讀的重要性。許多人認為推動閱讀教學就是讓孩子願意閱讀、樂於閱讀，其閱讀理解能力就能相應提升。然而，2006年臺灣首次參與「國際閱讀素養調查」（PIRLS），其結果顯示臺灣四年級學生閱讀理解能力的評比，全球排名第22名（平均分為535分），閱讀素養的成績雖然在全球平均成績之上，卻遠不如亞洲地區中排名第2名的香港和排名第4名的新加坡（柯華葳、詹益綾、張建妤、游雅婷，2008）。自此，臺灣便開始著重「閱讀理解能力」的教學。經過幾年的努力，其後的2011年為第9名（平均為553分），2016年更在參與的50個國家地區中，與英格蘭、挪威並列第8名（平均559分），相較於前兩次皆有顯著進步，代表臺灣教育界在閱讀教學方面的努力，有其成效。

　　回顧這十餘年臺灣閱讀教學的經驗，主要是源自歷次國際各項閱讀素養評比的結果（包含國中階段的PISA），讓教育界不得不重新檢視閱讀教學的方向，並思考如何進行有效的閱讀教學，以提升學生的閱讀力（柯華葳，2009）。尤其，過往臺灣中小學教師在語文教學的過程中，往往偏重在識字與寫字、詞語釋義及文句理解的基本認知，較易忽略「閱讀理解」教學的重要性。學者們推測其原因可能是多數教師對於閱讀理解教學的內容與方式較為陌生，亦可能包含教師自身對閱讀理解策略的不熟悉所造成（王秀梗，2008；施宜煌，2013；涂志賢、程一民，2013）。於是，許多學者或實務現場的老師便積極投入各式閱讀教學模式的建構與實踐，例如王政忠老師的MAPS教學法、張輝誠老師的學思達等，皆有助於閱讀教學多元化的開展。

除了各式教學模式的提出，各版本國語文教科書也相應在教材設計上增列了以閱讀理解爲導向的篇章及提問設計。以翁玉雲（2014）的研究爲例，他回顧以往國語科教學法較強調教學的框架，忽略了學生學習的困難，也忽視教師爲學生學習搭鷹架的重要，所以學習弱勢的孩子無法眞正學習，經常成爲課堂中的客人，而學習精熟的學生則覺得上課很無聊。因此，教師如何引導學生深入理解文本，同時爲學生的學習搭建鷹架，並於課堂中透過問問題，問有層次的問題，讓不同閱讀理解能力的學生有機會進行高層次思考，這也將成爲國語文閱讀理解教學成敗的重要關鍵。於是該研究檢視了翰林版國語文教科書中「閱讀樂園」的設計，發現其符合以高層次閱讀理解認知歷程、爲學生學習搭建鷹架、以學生爲學習中心設計不同層次的提問等理念，並將這些理念運用於閱讀理解教材的設計，融入國小三年級國語文教科書中。此後，另兩家教科書出版公司亦從善如流，陸續於各年級的教材篇章中融入與閱讀理解有關的設計。

　　本章原欲探討閱讀理解教學模式，然而筆者於2015年曾出版《高效閱讀：閱讀理解問思教學》（幼獅文化），關於閱讀理解的基本觀念及基礎理論、閱讀理解問思教學模式的三階段（文本分析、提問設計、教學規劃）及二原則（共同備課、公開教學）已有近十萬字的論述與舉例說明（含五大項閱讀理解策略：預測、連結、摘要、評估與理解監控）。故此章便不再討論閱讀理解教學模式之建構，若有興趣閱讀者可自行參閱此書。

　　以下僅約略回顧閱讀理解重要概念與觀念原則，本章將著重於閱讀教學時比較容易踩入的「誤區」，以議題探討的方式探究說明，以趨近十二年國教國語文領綱對於閱讀素養的期待。

## 回顧：略談閱讀理解的歷程 ▶▶▶

　　何謂閱讀素養？也許有眾多不同的定義與說明，但閱讀素養是一種

「透過閱讀而學習」的能力，幾乎都可以被大家所接受；亦即閱讀素養，是自主學習能力的表徵之一。進言之，OECD（2018）採用Snow與其RAND研究團隊的觀點，認為學生必須要有能力根據不同文本特性（text），以及不同閱讀的目標與任務（task）來進行閱讀。因此讀者能否彈性調整閱讀因素、文本因素、任務因素三者之間的關係，便是閱讀素養一個非常重要的指標。謝佩蓉（2018）分析課綱後，認為縱然聽、說、讀、寫都是108課綱的重要元素，然由基本理念可窺知，閱讀能力為新課綱重要關鍵。

　　閱讀與其他學科領域的關係又如何呢？在不同學科的領域中，也會因持有不同理念，而對該學科的某部分特別強調，如早期的課程學者Bobbitt認為文學與閱讀對社會生活有莫大的影響，扮演相當重要的角色，其功能包括：能拓展視野、能擴展事務參與的經驗、能開拓思路、能增進思維、有助於提升洞見與感同身受的敏銳度、能啟迪個人的興趣，及能滿足生活的經驗等。因此，Bobbitt認為文學與閱讀選材的範圍必須廣博，要能含涉傑出人士在能力、態度、興趣、欣賞等方面的成就（甄曉蘭，2007）。

　　再者，閱讀理解在各個學習領域扮演關鍵角色也被大家所認同，例如歷史、地理與數學等學科也紛紛推動並研究閱讀策略對於學習表現的影響。（唐淑華、蔡孟寧、林烘煜，2015；蘇慧珍、楊凱琳、陳佳陽，2017）。再觀諸現今生活出現大量伴隨數位載具產生的大量且多元的訊息，資訊量已超越傳統的年代，資訊類文本無所不在，包含對事件的詮釋、名詞定義、商品服務的評價等，學生必須有能力透過數位平台蒐集資料，並進行訊息的研判與推論，決定採用或應用哪些訊息來回應自身的需求。這樣的過程，突顯了閱讀素養的重要，「如何理解閱讀」的能力培養更是不容忽視的。

　　因此，唐淑華（2017）建議，欲幫助學生成為有能力透過閱讀而自學的人，最實際的做法就是設計以學生為主體的課本。設計前應了解何種文

本環境符合學生認知與情意面向的學習需求；其次則應考量文本易讀性。對於課本、習作等此類教材，學生其實並無權利選擇是否閱讀，因此如何透過單向資訊呈現，使學生初次進入文本，便能引起閱讀興趣，「文本易讀性」實為關鍵因素。

筆者認為，閱讀的基本歷程是：「讀者面對以文字或符號（也許還有其他訊息）構成的文本時，利用自己的背景知識，對文本的生成不同程度的理解。」其他學者如洪月女（1998）認為閱讀是讀者在閱讀中理解篇章，進而獲取意義的認知過程；林清山（1997）提出閱讀是一個主動建構意義的過程；陳欣希、柯雅卿、周育如、陳明蕾、游婷雅（2011，頁14）則指出閱讀是讀者藉由作者書寫好的文字符號加以辨認、理解、分析的過程。Roland Barthes則將閱讀比喻成作者、文本與讀者之間的「三角戀情」（引自許育健，2011）。由此可見，閱讀是讀者、文本與作者三者之間的互動。

純熟的閱讀其實是多項高度複雜認知能力的組合，閱讀過程中包含了許多歷程及敘述性的知識，以下整合諸多學者的說明，茲將閱讀的認知歷程分為四個階段進行說明（林清山譯，1997；岳修平，1998；鄭麗玉，2000；黃亦麟，2010；翁玉雲，2014）。

## 1. 文字解碼（decoding）

解碼認字是閱讀的基礎。所謂解碼是指將文字符號轉換，使之具有「意義」的歷程。解碼歷程可以分成兩個部分：第一個是「比對」，當讀者閱讀文字（字形）時，直接與自己長期記憶中的字義配對，不需要經過字音的轉換階段；第二個歷程是「補碼」（補音碼），係指看見文字（字形）時，先轉成字音，觸發字義的心理歷程。總之，就是字形、字音到基本字義理解的過程。

## 2. 語句理解（literal comprehension）

讀者解碼時，一旦確認字義後，某些部分就會進入至此歷程，讀者經

由觀察或書寫文字的過程中理解字面的意義。此歷程包含了「詞彙觸發」與「語法解析」兩個部分。

「詞彙觸發」是指辨認字的意義，當字形或字音確認時，讀者會從長期記憶資料庫中檢索與這些形或音相關連結的意義。因為每個人記憶中的字彙不同，因此詞彙觸發的歷程也有所差異。「語法解析」歷程則是指將多個獨立的字詞意義組成較大單位的意義（比如詞組或短語），讀者會彙聚各種字義之間合適的關係形成意義，達成句子的理解。

上述兩種歷程都不算是完全理解，必須等詞彙觸發與語法解析兩者交互作用後，才能提供文字上真正的理解。這部分應該可視為對「語句表面意思」的理解。若要深入了解文章句段的內涵，則必須進階到第三個理解歷程——推論理解。

## 3. 推論理解（inferential comprehension）

推論理解是指讀者對閱讀的文本能有更深入的了解。此歷程可分為三個階段：

(1) 概念「統整」階段：此階段精熟的讀者會運用先前的知識進行文章概念統整，將文章中各種概念或表徵相互連貫，找出隱含的關係，對文章的意義進行更深一層的理解。

(2) 重點「摘要」階段：此階段讀者會試圖找出文章中的重點。在摘要的過程中，通常會使用推論方式找出字句和意義彼此的線索；若無文字未能呈現線索，讀者便會注意句段間所產生的一些意義線索。

(3) 文意「精緻化」階段，將新訊息和舊知識連結起來所產生新的意義認知。此階段讀者受先備經驗影響，對新訊息進行舉例、引申或類推詮釋，使文章可以產生前後一致的意義。

## 4. 理解監控（comprehension monitoring）

理解監控是指讀者能否覺察自己閱讀的內容為何以及如何進行閱讀。這個歷程可分為四個階段，分別為：設定目標、選擇策略、檢核目標及補

救策略。設定目標是指讀者在閱讀前設立一個目標（比如找到文章的主要內容），然後選擇某種或某些策略，以解決閱讀前所設定的目標。檢核目標與補教策略是指讀者在閱讀過程中，持續檢查能否達成目標。若能，則順利完成閱讀任務；若否，則會形成閱讀困難，造成閱讀中斷，此時就會介入補救歷程的機制，運用合適的閱讀理解策略，以解決閱讀時所產生的困難。

　　承上所述，無論是百年版語文課綱或是十二年國教國語文領綱在其「教學原則」中皆明確指出：閱讀能力應以學生為主體，根據文本的性質類別，指導學生運用不同的閱讀理解策略，以培養其獨立閱讀能力（教育部，2008b；教育部，2011a；教育部，2018）。如果教師在閱讀教學的課堂中，能透過有效的提問來幫助學生在閱讀文本的過程中，覺知訊息、連結訊息、推論訊息、整合訊息，同時將文本訊息與自己的生活經驗與知識對照後重新詮釋，相信將有助於其閱讀理解能力的提升。

## 閱讀理解教學的多元取徑 ▶▶▶

　　然而，教師如何在課堂上進行有效的閱讀理解教學呢？承前所述，近十年來受國際社會重視閱讀理解評量，以及國內的國中會考、高中學測指考等各領域學科皆以大篇幅的內容作為評量的題幹敘述；若閱讀理解能力不佳，將難以應付今日數位資訊文本遍布，及各類升學考試以生活情境布題的趨向。

　　因此許多學者專家皆提出對於閱讀教學的諸多建議。例如，王秀梗（2008）認為閱讀教學前，可藉由預測策略引起學生興趣，再藉由摘要策略讓學生掌握全文內容。在閱讀教學中，教師可以藉由推論、分析、結構等策略，讓學生對文章的內容有更深入的了解。在閱讀教學後，藉由誦讀策略讓學生再一次掌握全文的重點，並以圖解策略、多元評量或習作來檢核學生對文章的理解程度。

張佳琳（2012）則建議將閱讀理解教學分為閱讀前、閱讀中、閱讀後三部分。閱讀前先激起學生的學習興趣並喚起先備知識；閱讀中，教師運用預測、提問、摘要等教學方法，開始進行閱讀理解教學的指導；在進行有效的閱讀理解教學後，應有別於傳統的閱讀教學在教學後隨即作閱讀測驗，而是要能透過討論、摘要、找主旨、創造意像等來深化學生的理解。

　　國外學者Heilmam、Blair與Rupley（引自涂志賢、程一民，2013）也提出在閱讀前，可先複習與主題有關的先備知識、連結新舊經驗、閱讀文章摘要、預測文章內容；在閱讀中，運用標題訊息引導學習，閱讀每個段落後提出對文中不理解的部分並進行重讀；在閱讀後，運用提問來檢視自己閱讀後的理解程度，將所獲得的訊息進行文章特定觀點的摘要。

　　臺灣教育部有鑑於此，以官方倡議之姿，於2012年起推動以「課文為本位」的閱讀理解教學，藉由國語課本中的文本為閱讀理解的教材，透過教師的提問設計，在有限的教學時間內，進行有效的閱讀理解教學；同時，也讓學生從課文中，習得閱讀的方法與技巧，並朝向理解文本與深入思考的方向邁進。

## 有效提問，是眾所認同的策略 ▶▶▶

　　閱讀理解是一種看不見、摸不著的能力，教師在閱讀教學過程中，要如何知道學生是否已經理解文本內容了呢？沒錯，透過「問問題」！而且是「問好問題」，甚至是「問不同層次的問題」，便可略知學生閱讀理解狀況（許育健、林多菊、周宏智，2013）。換言之，教師透過提問有層次性的好問題，引導學生針對文本內容進行討論，藉以激發學生的學習興趣，進而掌握文本內容的重點，並延伸運用所學，以提升其閱讀理解的能力。

　　早在1980年代交互教學法於美國的實驗證明，預測、提問、澄清及摘要等四項閱讀理解策略的交互運用，可有效提升學生的閱讀理解能力。其

中，「提問策略」是以俄羅斯心理學家Vygotsky的近側發展區（the zone of proximal development）為理論基礎（如下圖）。Vygotsky認為教學可以超越並引導學生學習發展，相信好的教學就是要針對學習者的最近發展區設計教學活動，提供學生支持和引導，以擴充其能力去表現不同程度的學習活動（谷瑞勉譯，2001）。張春興（2007）則提出學生自己本身具有的能力所能達到之實際發展水平，與經由他人協助後所能達到的潛在發展水平，兩者之間的差距，即是該學生的可能發展區。是否能擴展其潛在發展區域，「有效提問」至其關鍵。

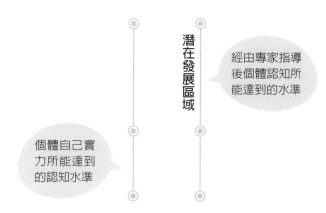

資料來源：李咏吟（1998）。認知教學：理論與策略（頁24）。臺北市：心理。

　　提問也是一種明確具體的學習鷹架。「鷹架」的概念也是Bruner根據Vygotsky「近側發展區」為基礎所提出的。所謂鷹架係指由更有能力的同儕或成人（通常是指教師或家長）所提供的協助（張文哲譯，2005）。教師可以根據學生的程度，以示範或提問等方式，提供學生支持性的學習鷹架，從旁協助學生運用現有的技巧或策略，達到更高層次的學習；教師可隨時檢視學生的學習狀況做修正及調整。當學生有能力自我獨立完成任務時，教師便可逐漸移除鷹架，讓學習的責任從老師身上轉移到學生身上，使學生負起自我獨立學習的責任。這就是所謂的「漸進釋放學習責任」。

教師應利用提問問題來激發孩子的學習興趣與動機，更藉由問問題引導學生對文本訊息的掌握（臺北市政府教育局，2010）。所謂提問策略，顧名思義就是透過教師有技巧的提問，學生利用同儕之間的討論與個人的思考，協助其掌握文章的內容，並深入理解文本的重要意旨。由此可見，教師如何利用有效的提問為學生理解文本內容搭建學習鷹架，將成為閱讀理解教學成敗的重要關鍵。此外，提問具有協助學生掌握重要訊息、幫助學生確認自己是否已經了解文本意義、透過訓練培養提出好問題的技巧、培養其統整建構文章概念的能力，以及訓練學生組織高層次思考的問題等重要功能（教育部，2011b，頁37）。

　　此外，根據李岳霞（2013）的觀察，教師在教學時較常問的問題，大多是在喚起學生的舊經驗，以及在文本中可以直接提取的訊息，教師若未能及時澄清學生疑惑之處，甚至只針對文章順序提問表層訊息，學生往往在上完課後，對於文本的重點是什麼還是處於一知半解的狀態，更別說是提升閱讀理解的能力。問問題或許很簡單，但是僅僅讓學生注意到文本基本訊息的問題是不夠的，要能真正理解文章，不能只是注意到表面訊息，還需要不斷的連結文本訊息、結合本身的舊經驗、推論整合成一個完整的意義。因此，教師如何在學生既有的直接理解歷程基礎上，再融入解釋理解歷程的問題，將有助於學生閱讀理解能力的增進（陳欣希等人，2011）。

　　何謂有效提問？其實就是「有層次性的好問題」。以近年來大家所耳熟能詳的「PIRLS閱讀理解四層次」或「PISA的三階段五歷程」等都是重要的提問架構。亦即，針對文本內容進行多元視角的提問，包含提問重要訊息的所在（提取訊息）；推論句段之間的意義與關係（推論訊息）；詮釋整合讀者與文本間的知識經驗（詮釋整合）；比較評估讀者、文本與作者三者之間的訊息互動（比較評估）等，即是以「善問者」角色，協助學生理解文本的閱讀理解途徑（許育健，2015）。

以下即以PIRLS所主張的直接理解歷程和詮釋理解歷程簡要說明。直接理解歷程包括直接提取和直接推論，詮釋理解歷程則包含詮釋整合與比較評估。以下將針對閱讀理解歷程進行探究（柯華葳等人，2008；陳欣希等人，2011；許育健，2015）。

### 層次一　直接提取

找出文中明確寫出的訊息，包括與特定目標有關的訊息；指出特定的想法與論點；重要字、詞、句的定義；指出故事的關鍵場景，如：時間、地點；找文章中明確陳述的主題句或主要觀點。

### 層次二　直接推論

連結段落內或段落間的訊息，推論文章中沒有明確描述的關係，包括推論出某事件所導致的另一事件；在一連串的論點或一段文字之後，歸納出重點；找出代名詞與主詞的關係；描述人物間的關係；進行文章中主要內容的排序。

### 層次三　詮釋整合

讀者需要運用自己的先備知識或經驗，理解與建構文章中的細節及更完整的意義，包括：歸納統整全文的主題或訊息；詮釋文章中人物可能的特質，並以行為與作法為佐證；比較及對照文章跨段落的訊息；推測故事中的語氣或情境氣氛；詮釋文章中的訊息在真實世界中的應用。

### 層次四　比較評估

讀者需要以相關的知識或經驗，運用批判能力來考量評估文章中的訊息，包括：評估文章所描述事件在真實世界中發生的可能性；描述作者如

何安排令人出乎意料的結局；評斷文章的完整性，或闡明、澄清文章中的訊息；找出作者論述的立場與目的；指出作者的寫作手法與技巧等。

　　以上為四層次閱讀理解歷程的提問設計指引說明。此外，在今日提倡「適性揚才」的時代，為提升學生的閱讀能力，教師必須透過循序漸進的提問設計，同時兼顧學生的個別差異，以培養其高層次的閱讀理解能力。依此，如《高效閱讀》一書之建議，應利用不同的提問教學設計，為學生搭建學習的鷹架，即所為的「方案A、B、C」差異化提問，在此就不再複述，欲知如何設計，可參閱該書177頁之說明。

　　綜上所述，學生在閱讀課文的過程中，可藉由不同的閱讀理解策略於文本建構出所理解的意義。如果教師可以將訊息適當轉化成提問，引導學生做深層的思考，將有助於提升學生閱讀理解的能力。閱讀理解問思教學模式乃依循國語文領域教材設計之原則，考量學生已經具有的經驗作為學習準備的起點，從學生的生活經驗、感興趣的事物出發，再利用A、B、C不同層次提問設計的教學方案，提出有效的問題、問有層次的問題，將教材與學生生活經驗進行連結，以增進閱讀的興趣，並提升其閱讀理解能力。

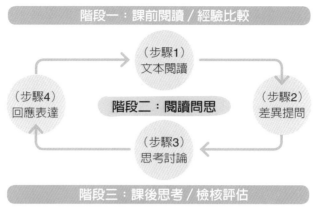

階段一：課前閱讀／經驗比較

（步驟1）
文本閱讀

（步驟4）
回應表達

階段二：閱讀問思

（步驟2）
差異提問

（步驟3）
思考討論

階段三：課後思考／檢核評估

閱讀理解問思教學模式

　　上述內容為閱讀理解及其教學模式之回顧與簡介，以下將針對閱讀理解相關議題進一步討論與探究。

### 閱讀引導 故事人物的個性與情緒 ▶▶▶

　　如何引領學生理解故事中人物的「個性」與「情緒」的差異，並能適切的以口語或文字表述？這是一個值得思考的問題。

　　筆者曾經參與一堂公開課的觀課，授課老師在課堂中以「劇本對話」引領學生思考人物「個性」。這是一篇內容較短，只有兩個事件的短篇小說。教師提問：「請同學們討論，並指出主角是一個怎麼的人？（即人物個性）」

　　在課堂進行的同時，我也努力想透過那些對話，來找出這兩個人物的個性，然而，我失敗了，我找不出來。

　　因此，在議課時，我提出了一個問題：請問「氣候」與「天氣」，有什麼不同？現場的老師們紛紛表示意見，並指出：氣候是長時間在某一區域的情況，比如四季是否分明，比如冬天平均的氣溫是如何等等。而天氣是短時間的，比如幾天或一天氣溫、風力或會不會下雨之類的。

我回頭讓老師們思考這與「個性」／「情緒」的差異，是否有相似之處呢？

　　回到本文解讀的角度來說，我們常見的一般故事或小說（劇本也可以算在內），大多以「敘事」的方式構成內容的主體。只要是敘事，不免論及「人物」、「場景」及「情節」三大組成元素；而在敘寫故事的過程中，人物、場景通常是「作者」具體操作的內容──作者通常會預先「設定」相關角色的「個性」（正直的、卑賤的、熱情的、善良的等）；但為求變化，就會運用情境脈絡或各種偶發「事件」，來挑動人物原本較為固定的「個性」，產生一些掙扎與矛盾，引發許多的「情緒」變化。這些事件變化就是我們所謂的「情節」。

　　「情節」就是作者的真本事──如何隱然操弄這個情節，使之高迭起伏，進而吸引讀者投入故事之中。依此，好的文學作品，通常以「婉曲」或「象徵」的手法，讓讀者不由自主地投射相關感受於人物的言行舉止之中，使其情緒亦隨之變化。言及此，應該可以了解「個性」與「情緒」（喜怒哀樂驚悲默慌等）的差異之處。

　　再回到筆者的省思。我認為在目前的中小學課文中，除非篇幅夠長，或者作者寫得夠清楚，其實是不容易推估出故事人物的個性，大部分只能看到人物的情緒變化。因此建議，短篇課文理解情緒，輔以長篇文本（比如一本書），方得以推估「個性」，也較能在敘事文本中，讓學生感受兩者的差異，也有助於其後的讀寫結合。

### 閱讀表徵　心智圖、概念圖與議論圖 ▶▶▶

　　經常看到許多語文老師在指導學生「摘要」的理解策略時，會應用「心智圖」（mind mapping[1]，就是畫起來五顏六色，像一隻變形蜘蛛的

---

1. mapping一詞有動態的意思，比較接近詞義的翻譯是「構圖」。所以應該稱心智構圖mind mapping、概念構圖concept mapping、議論構圖argument mapping，比較精確。

那種）。偶爾，也會看到老師使用「概念圖」（concept mapping）或「議論圖」（argument mapping）。每次看到，我都會思考，這些不同的「構圖」如何「適切」（appropriate）的應用在不同的文本？在此談談關於這些構圖應用時的思考。

　　首先是最受歡迎的「心智圖」。心智圖在學術上其實有比較嚴格的定義，與概念構圖或一般的分析圖並不同。簡單的說，心智圖比較適用於「發散性」思考，因為它不強調內容的結構與不同概念的關係，通常用於創意性的口語表達或寫作教學時，所需要的腦力激盪或創意發想。如果真要用於文本分析或內容理解，比較適合「並列式」的說明文或「文學性」的散文，也就是各段落間沒有明顯的「關係」或「結構」。以目前大部分篇章結構清楚的小學課文，只能摘取「有什麼」，但沒有呈現這些「什麼」的關係，是有些可惜的。

　　其次是，在科學知識領域常見的「概念圖」。概念圖像是一張公司的單位組織分工表，結構井然，強調概念與概念之間的上下「層級」或並列「關係」，比較適用於「聚斂性思考」與分析。以目前一般小學課文有大量的記敘文或說明文而言，內容「摘要」比較適合以概念圖方式進行。（畫起來像是教師手冊中的課文大綱）

　　最後，在強調批判思考的議論性文本，「議論圖」就是很適合呈現不同觀點或主張之間的比對與澄清。一般常見的「異同比較表」，也有相同的功能。

　　綜上，構圖的方式其實還有很多類，但各有其功能與目的[2]。在教學活動中，應視文本特性與目的的不同，採用不同的構圖方式，對學生理解或認知的再現，應會是比較有助益的。

---

2. 如果想知道更多的解釋與區辨，可參考Davies, M. (2011)Concept mapping, mind mapping and argument mapping: what are the differences and do they matter? High Education, 62, Issue 3, pp 279–301.

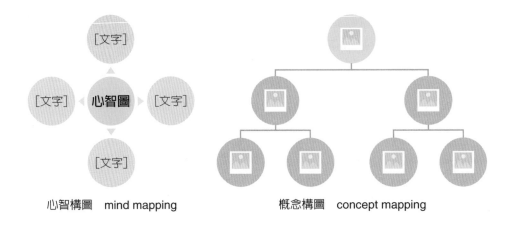

心智構圖　mind mapping　　　　　　　概念構圖　concept mapping

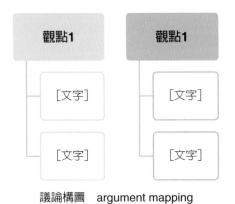

議論構圖　argument mapping

## 閱讀評量的趨向：混合題型 ▶▶▶

　　根據大學入學考試中心於2018年底的公告，配合新課綱108學年度上路，111學年度大學入學考試（2022年）也會因應調整。其中，大家最關心的是，考試題型是否會有所調整？大考中心表示，111學年度的大考命題將採取「混合選擇題」和「非選擇題」的題型，且答案卷將以「卷卡合一」的方式供考生填答。

眾所知然，新課綱強調「素養導向」的教學與評量，也就是學生必須擁有為適應現在生活及面對未來挑戰，所應具備的知識、能力與態度。因此，評量內容將朝「情境化」、「整合運用」、「跨領域或跨學科」及「展現表達說明能力」等原則設計評量，例如評量內容建構於生活情境之中，以檢視學生整合運用學科知能、閱讀理解、圖表判讀等綜合能力。此舉也是因為過去以「選擇題」命題有其偏限，例如文字回應、溝通表達、系統思考與解決問題等核心素養，皆不易以具標準答題之選擇題型進行評量。未來，答案卷將是「卷卡合一」，不再分答案卡和答案卷，考生也許需要在答案卷上，以文字、表格或圖形等不同形式作答，這也考驗著學生的文字符號的表達能力。

　　大學入學考試為十二年國民教育學習成就的總結性評量，代表學生自小學一年級起至高中三年級期間所有學習的成果。然而，即便是小學階段，教育部亦倡導所有的評量皆應以「素養導向」的原則進行設計。以下乃取自國家教育研究院公告的素養題型範例，筆者再加上二題模擬的內容，以供參考[3]：

．．．．．．．．．．．．．．．．．．．．．．．．．．．．．．．．．．．．．．．．．．．．．．．．

〈一二三，木頭鳥〉

　　近年來，我們在都市綠地常能觀察到黑冠麻鷺，但在過去牠其實並不常見，還曾被列為臺灣的稀有鳥類呢！……（以下略）

　　不管在白天或黑夜，都是黑冠麻鷺的活動時間，但主要集中在傍晚。除了繁殖與餵養小鳥之外，牠們大多是單獨活動。此外，我們常能觀察到黑冠麻鷺專心的盯著草地看，這是因為牠們正準備捕捉大餐！當草地上一有風吹草動，牠們就會以迅雷不及掩耳的速度上前捕捉獵物，飽食一頓。黑冠麻鷺最愛的食物是蚯蚓，其他像是昆蟲、青蛙、蜥蜴等，也都是牠們菜單上的佳肴。下雨過後，土壤中的蚯蚓容易鑽出地面，此時正是黑冠麻鷺大啖美食的最好時機，所以雨後的草地上，我們總能看到黑冠麻鷺努力

─────────────

3. 取自https://www.naer.edu.tw/ezfiles/0/1000/img/67/159548289.pdf

與蚯蚓相互拔河的有趣畫面。另外，傍晚時分在公園或校園散步時，大家是否曾聽過單調且低沉的「嗚——嗚——」聲呢？原來黑冠麻鷺的雄鳥正在樹上大肆鳴唱，這也是牠用來吸引母鳥的求偶方式。不只如此，雄鳥與雌鳥的求偶展示行為也非常有趣，牠們會豎起頭上的黑色羽冠及頸部羽毛，此時牠們的脖子有如雞毛撢子一般，而類似的展示行為，在黑冠麻鷺受到威脅或干擾時，也偶爾會出現。

......（以下略，全文共1312字）

## 【題目】

1. 根據本文敘述，在哪個時間、地點比較容易看到黑冠麻鷺？
   ⑴清晨濕地；⑵午間河岸；⑶傍晚草地；⑷夜晚高山

2. 黑冠麻鷺被稱之為「木頭鳥」的主要原因為何？請從文章中找證據，以支持你所判斷黑冠麻鷺被稱為「木頭鳥」的主要原因。

3. 從本文中提到黑冠麻鷺的外形習性等，你覺得下列哪張圖片的情境比較接近本文所述，並簡單的說說你的理由。

4. 請舉出你較熟悉的一種鳥類，以三個不同的面向（例如外形、特徵等），與黑冠麻鷺比較兩者間的不同。

| | 黑冠麻鷺 | （鴿子） |
|---|---|---|
| （外形） | ...... | ...... |
| （出沒地點） | ...... | ...... |
| （特徵） | ...... | ...... |

上述四題合在一起，其實就是所謂的混合題型。若論及閱讀理解與混合題型的關係，您應該不難發現欲回應「混合題型」的基本能力，即是「閱讀理解能力」，而且是不同層次的閱讀理解歷程。若無此為基，無論

語文學習領域本身或其他如數學、社會、自然等學習領域，皆難以回答大量文字所揭示的問題情境。亦即，閱讀理解不僅是學習其他學科的基礎能力，也是回應與表達所有領域或類型評量內容的磐石。

為了符應素養導向的基本原則之一「生活情境」。建議閱讀理解之教材或評量以接近「真實性文本」為取材內容，可包含故事體與說明文。故事體偏向文學性文本，就是學生日常會接觸到的小說或童話；說明文偏向生活中經常可見之資訊類文本，如少年科普雜誌及各類知識類的報導。為了檢視學生真實的閱讀能力，每篇至少是字數約800至2000字左右的長文本，教師可依難度及閱讀理解四層次，設計不同閱讀理解層次的提問，供作教學或評量之用。

## 閱讀評量之後，如何引導閱讀[4]？ ▶▶▶

無論是學生或教師，在參加完相關閱讀評量檢測之後，最期待的應該就是評量結果了。請回想：您期待的是評量分數？還是，由評量結果反映出的「個人學習狀態」？

以近年來備受重視、各式各樣的閱讀評測為例，不僅中小學的定期評量中「閱讀理解測驗」比例提高，甚或辦理全校性的閱讀評量活動；坊間亦出現各式各樣的閱讀競賽，吸引許多人報名參加。無論是被動接受校內的評量施測，或是主動參與校外的競賽，究竟評量之後，我們該如何看待評量結果呢？這是值得探討的議題。

一般來說，每次的學習活動之後，我們會透過評量來檢核學習成果。那麼，在確認閱讀評量結果之前，我們應該再次從「心」出發，思考自己「為什麼要重視閱讀素養？」語言是溝通的工具，更是運思的媒材。我們在閱讀中激發想像、產生感悟、進而建構意義；隨著閱讀素養的提升，將有助於自主學習、拓展視野、促進思考辨析；更重要的是，可培養出「適應生活、解決問題、創造未來」的知識、能力與態度。

---

4 此部分之探討，乃與徐慧鈴老師共同撰寫而成，筆者略作增修。

「閱讀，猶如旅行」，當學生具備了自助旅行的能力（閱讀理解能力），才能探索自己想認識的世界（閱讀興趣），進而主動重構自己的生活（行動實踐）。換言之，閱讀從來不是為了記憶文本中的文字，而是為了發現問題、解決問題，以創造更好的生活。

回到主題，我們對評量的基本期待，確實是為了檢核學習成果。以閱讀評量為例，有些師長會透過分數來評價學生學習成果優劣；有的則會進一步關注學生在不同閱讀理解歷程的表現。當然，我們應該適時肯定學生在評量中的優異成績；但，如果以學習性評量的觀點出發，評量之後，更重要的是引領學生透過評量結果的檢視，進一步認識自己的學習狀態，讓自己反思如何學得更好，哪些困難需要解決，該如何解決（是否需要他人協助）等。

換言之，在取得閱讀評量個人答題分析報告之後，我們該關注的，應該是學生在閱讀中已具備哪些能力，該如何鞏固？對於表現較不理想的部分，是真的不理解嗎？若是，該如何提升？

研究發現，內在閱讀動機（態度及價值觀）與閱讀成就有正相關。因此，在取得閱讀評量結果後，師長首先應重視鞏固或提升學生的內在閱讀動機。最簡單的方法就是讓學生擁有一定的「為興趣而閱讀」的時間，在這段時間中，師長要做的就只是──「陪伴」。如果學校有每日晨讀時間，那麼就提醒學生帶本自己喜歡的讀物到校，享受晨光的書香時間。當然，如果師長可以每週定時陪伴學生共讀至少30分鐘，更可以依據評量診斷的結果，設計功能性的提問對話，幫助學生進一步高效學習。例如，學生閱讀《國王的新衣》這本書，讀懂文字不難，這時師長可以這樣提問：

「故事裡的騙子說，『我有好主意了。』那個『好主意』是指什麼呀？」

──學生必須透過推論找出語詞間的關係。

「你覺得故事裡的國王是個什麼樣的人呢？」「你從哪裡看出來的呀？」

——學生必須從文本中提取訊息，再進行推論，最後整合出人物的特質，並確認佐證依據。

當然，和學生共讀互動的問答氛圍應該是輕鬆愉快的。讓學生為了解決問題，重新閱讀文本、運思表達，自然而然的習得並覺察到幫助自己讀懂的策略。當學生在這樣的過程中，不斷學習理解文本、建構意義，不僅能讀懂問題，解決問題，也會增加了閱讀自信心。那麼，學生成為能自主旅行的「閱讀背包客」，便是指日可待。

## 數位閱讀：CARE教學模式[5]？ ▶▶▶

以數位形式的內容進行閱讀，或透過數位閱讀的形式進行學習，儼然已是今日社會既存且重要的現象。亦即，數位形式的媒材已逐漸成為人們主要的閱讀來源之一。「數位閱讀」（digital reading）是指，透過「數位」形式所呈現的內容進行的閱讀活動，包含電子書、網站資訊或數位期刊內容等。過去研究指出，數位閱讀模式不同於傳統紙本閱讀模式之特徵至少包含：多元的媒材、非線性的內容、立即性的回應、整合性的內容，以及互動性的閱讀經驗等，且訊息量大，因此，進行數位閱讀所需要的理解策略，也將和傳統紙本閱讀有所差異。因應數位時代的來臨，在國民小學階段即應開始發展學生檢索資訊、獲得資訊、整合資訊的數位閱讀能力。此處所指稱的數位教學乃是以設計研究法（design research），基於許育健（2015）建構之「閱讀理解問思教學模式」[6]，其中提出的——

---

5. 本節內容節錄自許育健、徐慧鈴 (2019年9月)。數位閱讀CARE教學模式之建構。「2019學習媒材與教學國際論壇」發表之論文，臺北市立大學。

6. 許育健（2015）所建構之「閱讀理解問思教學模式」乃是指透過文本分析、提問設計及教學規劃三階段，形成課堂中的閱讀文本、差異提問、思考討論、表達分享等四程序之問思教學模式。

預測、連結、摘要、評估及理解監控等五項應用於不同年級之閱讀理解策略，因應數位形式及使用目的之不同，保留「連結」及「評估」兩項策略；並將「摘要」轉化為數位資訊的「重構」；並加上網際網路特性，透過「延伸」讓數位閱讀延續。因此形成了連結（Connect）──評估（Assess）──重構（Recapitulate）──延伸（Extend）等四項主要策略應用歷程，並促成本文所提出CARE數位閱讀教學模式，參見以下說明之。

## CARE數位閱讀教學模式的建構

無論從相關文獻的研究發現，或是ePIRLS臺灣學生的表現，我們都無可避免的，必須正視學校教育端，關於數位閱讀策略的推動，以及應用於各領域學科之中。

回顧周暐達（2008）分析數位閱讀的三個主要特性與作為，分別是瀏覽、查詢、互動。然而，這些都不太需要運用到高層次的閱讀理解能力，似乎不是數位閱讀策略的重點。再依Liu（2005）對於人們在數位環境下閱讀行為的調查研究結果顯示，人們透過電腦螢幕閱讀時，在瀏覽、略讀、關鍵字檢索、單次閱讀（one-time reading）、非線性閱讀以及選擇性閱讀等面向有增加；但持續閱讀（sustained reading）、深度閱讀（In-depth reading），以及專注閱讀（concentrated reading）的行為較紙本閱讀時減少，顯示傳統閱讀模式與數位閱讀模式有所不同。可見，應強化的是如何有目的讀（例如由教師指定一個探究的主題），並讓學生能運用相關策略進行持續、深度並專注的數位閱讀。

基於此，究竟核心的數位閱讀策略該是何者呢？黃郁婷、徐額倩（2016）認為最核心的數位閱讀素養即是學生的批判思考力。透過數位閱讀力，能找到正確、適切的有用資訊，此一過程中，正確的「選擇」和「判斷」是數位閱讀的重要歷程，尤其是「評估」的能力，表示讀者在數位閱讀的過程中，其思考與判斷必然要持續運行。再者，誠如李慧馨

（2012）所言，自從認知心理學興起後，加諸詮釋學派於文學領域上的創發，「文本」取代了「內容」，「解讀」取代了「觀看」。面對數位文本訊息時，讀者不再是被動的，而是更主動的選擇、主動的理解和詮釋。因此，透過數位閱讀促發學習主動性，顯然也是重要的思維方向。

　　整體而言，究竟除了上述所提及的數位閱讀應強化的策略方法之外，是否還有其他的思考呢？依Leu等人於2013年提出數位閱讀理解的核心標準，分別是：擬定或掌握重要問題或議題、找到訊息、批判與評估訊息、整合訊息，以及溝通訊息等五項（引自謝進昌，2014），此標準值得參考。

　　回到「閱讀」的本質而論，依PIRLS的四個閱讀理解歷程而言，比照目前常見的數位閱讀行為，可以明白的知道：「複製不等於提取」、「剪下不等於摘要」、「貼上不等於整合」、「引用不等於評估」。我們似乎需要更積極主動的閱讀理解策略，依許育健（2015）所提及之「連結」、「摘要」與「評估」等三項策略，結合數位形式的閱讀情境及數位閱讀的特性，修正原定義之概念為：「連結」是指讀者依個人既有之生活經驗及相關知識，在浩瀚的數位資源中，連結到合宜適切的資訊內容，其中顯然需要具有判斷資訊正確性的能力。由於網路資料過多，故先進行「評估」而後才能在有益的資訊中「摘要」。「評估」是指對所得資訊進行正確性或價值性評估，並依自己的看法與觀點，選擇合宜有用的資訊。接著，要進行資料的整理，即摘要：「摘要」是指選擇與組織資訊的能力，必須透過自身的知識與經驗，將篩過有用的資訊以適當的形式呈現。由於網路資訊來源較多元，故本文將之更名為「重構」，以顯示此能力之複雜性。最後，若欲對所得資訊進行加深或加廣之探究，則勢必再善用網路易連結的特性「延伸」至相關學習。

　　由於數位閱讀時，讀者通常是以自身思考與數位文本進行互動與交流。故本節整合歸納以上所述，提出數位閱讀CARE教學模式，透過連

結（Connect）——評估（Assess）——重構（Recapitulate）——延伸（Extend）四個步驟，培養學生主動拓展閱讀，並應用數位資訊的能力。簡要說明如下圖。

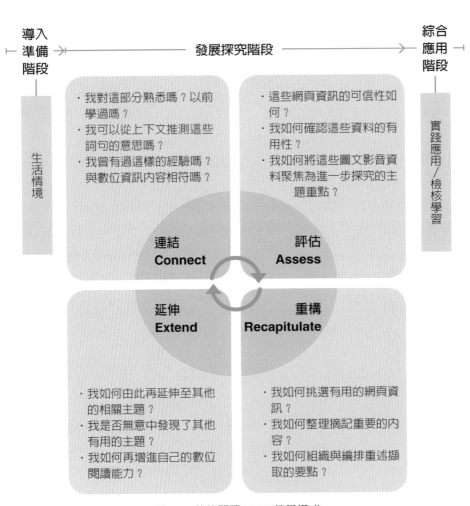

圖 15　數位閱讀CARE教學模式

以上為本文所提出數位閱讀CARE教學模式，分別就連結數位內容、評估數位內容、重構數位內容，以及延伸數位內容四者，引導學生在進行數位閱讀時，經由自問自答的形式，以調控自己數位閱讀的情形及品質提升。

就語文學習的目標而言，數位閱讀運用於中小學的語文課或閱讀課，應有助於學生深入品悟語文內涵；或以文本的基礎理解為核心，提供學生進一步探究相關領域知識的機會。因此，數位閱讀CARE教學模式不僅強調學習者主動性，亦重視與紙本閱讀的自然連結、交互應用，基於文本特性與學習目標之不同，建構「語文→數位閱讀→語文」、「語文→數位閱讀→跨域」兩種教學應用脈絡，符應學習需求，同時也利於教學現場的授課規劃。

## CARE數位閱讀教學模式示例與說明

教育部《議題融入說明手冊》建議應讓學生能在小學五年級起，可在相關學習領域進行數位閱讀，以拓展其學習經驗與成果。然而，因應學科領域屬性不同，研究者發展出兩種適用於中小學之教學模組：「線性引導模組」可應用於由單一文本，延伸至數位閱讀，再進而跨領域思考與學習，適用於語文與社會人文或自然科學的跨領域學習；另外的「擴散延伸模組」則是由單一文本，進而數位閱讀，最後再深入文學或文化的探究與創思，此模組適用於語文領域的深度學習。以上這兩模組將可幫助學生在脈絡化的情境中，有效發展數位閱讀素養。

❶ 線性引導模組（如下圖）：強調跨領域統整，透過數位資訊探究，解決問題，加深學生學習體悟。

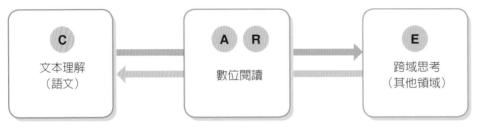

圖 16　CARE線性引導模組

1. 導入準備階段：學生透過三次閱讀完成對文本的初步理解；語文課堂中，教師藉由學生生活經驗引起動機、導入主題。簡要教學流程為：

(1) 預習（三次閱讀）

(2) 準備活動（引起動機，導入主題）

2. 發展探究階段：此階段配合學習目標，在語文領域掌握對文本的基礎理解後，教師引導學生覺察文本中之重要議題或專業知識（連結—C），進一步於相關領域課堂指導學生參照文本和數位閱讀內容，同時進行自詢判斷，以完成相關數位資料查詢（評估—A），並將所蒐集到的數筆資料摘要彙整（重構—R）；最後，連結個人經驗促發省思（延伸—E）。接續前一階段之簡要教學流程為：

(3) 文本理解（提問討論，深入理解）

(4) 數位閱讀（多元媒介，思考判斷）

(5) 跨域思考（延伸探討，建構知能）

3. 綜合應用階段：此階段鼓勵學生發表探究成果或心得，互相觀摩交流，並引導學生回顧個人在學習歷程中的表現，進行檢核修正。接續前一階段之簡要教學流程為：

(6) 發表交流（延伸應用，拓展視角）

(7) 學習回顧（統整評估，調節策略）

茲以〈螳螂[7]〉一課為例，說明此模組之教學設計流程：

| 預習準備（畫下印象最深刻的一句）、引起動機 | 文本理解 | 數位閱讀 | 跨域思考 | 發表觀摩、學習回顧 |
|---|---|---|---|---|
| | ・讀懂文本中的螳螂形象<br>・理解作者提出的螳螂哲學<br>・覺察全文的重要關鍵 | ・利用網路查詢釐清1964紐約第五大道事件<br>・彙整資料<br>・發表查詢結果 | ・還有哪些能說明螳螂哲學的類似例子<br>・發表個人對螳螂哲學的看法<br>・思考表達溝通以解決問題的可行方法 | |

❷ 擴散延伸模組（如下圖）：在語文課進行，強調由文本促發學生想像，並主動探究，以涵蘊學生對文化的理解與欣賞。因此，在最後階段，應尊重學生個人對文本內容產生的興趣、好奇，鼓勵學生進行探究創思。

---

7. 出自方剛所著《動物哲學》書中的〈螳螂──弱小者的希望〉，由研究者改寫後作為教學文本。全文主要藉由一直流傳的「螳臂當車」凸顯螳螂受人嘲笑的形象，再進一步提出看似弱小的螳螂其實未必屈居劣勢，除了由生物特性說明，更透過歷史事件強調出奮力行動就可能改變結局的觀點。

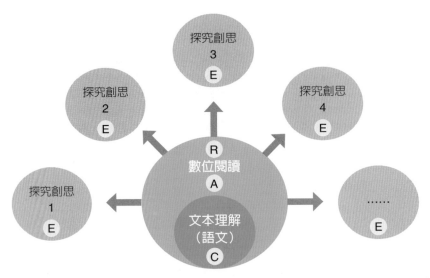

圖 17 CARE擴散延伸模組

1. 導入準備階段：學生透過三次閱讀完成對文本的初步理解；語文課堂中，教師藉由學生生活經驗引起動機、導入主題。簡要教學流程為：

   ⑴ 預習（三次閱讀）

   ⑵ 準備活動（引起動機，導入主題）

2. 發展探究階段：教師藉由提問引導學生連結各段重點、理解文學意象（連結—C），並覺察學習疑難或文化面向的好奇，進一步進行數位資料查詢，同時進行自詢判斷（評估—A），並將所蒐集到的數筆資料摘要彙整（重構—R）；最後，教師引導學生連結個人經驗、文本與數位閱讀學習內容，發揮創意透過文字或口述表達個人的感悟想像（延伸—E）。接續前一階段之簡要教學流程為：

   ⑶ 文本理解（提問討論，深入理解）

   ⑷ 數位閱讀（多元媒介，思考判斷）

   ⑸ 探究創思（形成觀點，組織論述）

3. 綜合應用階段：此階段鼓勵學生發表探究成果或心得，互相觀摩交流，並引導學生回顧學習歷程中的表現，進行檢核修正。接續前一階段之簡要教學流程為：

⑹ 發表交流（延伸應用，拓展視角）

⑺ 學習回顧（統整評估，調節策略）

茲以〈少年閏土[8]〉一課為例，說明此模組之教學設計流程：

| 預習準備、引起動機 | 文本理解 | 數位閱讀 | 跨域思考 | 發表觀摩、學習回顧 |
|---|---|---|---|---|
| | ·全文分成幾個部分（意義段），分別在說什麼（段落大意）<br>·分析主角對閏土印象的轉變<br>·覺察第一段和全文的關係 | ·理解主角的內心世界<br>·覺察個人對於文本內容的疑惑<br>·利用網路查詢釐清相關內容<br>·彙整資料 | ·探究文本中反映出的社會人文或自然環境等議題<br>·連結個人經驗、感悟想像、組織表達<br>·進行創作 | |

綜言之，應用於科學／理性的文類（說明或議論）建議採「線性引導模組」，透過數位閱讀CARE教學模式引導學生由語文領域學習開展至其他領域的自主探究、創意思考。而文學／感性的文類（記敘、抒情）文本較適合採「擴散延伸模組」，透過數位閱讀CARE教學模式將語文領域學習，由文字篇章的基礎理解、文學意象的體會，提升至文化探討。

---

8. 〈少年閏土〉節選自魯迅1921年寫的短篇小說《故鄉》。這篇文章是小說《故鄉》中一段插敘，題目〈少年閏土〉是選入中國大陸語文書後再加的。〈少年閏土〉是中國大陸語文科人教版六年級上冊第五單元第十七課的課文。

## 數位閱讀教學的必要性

　　數位閱讀也許可以促進學生的讀寫技能、延伸讀者與數位文本的連結、具更多操控文本的能力、促進學生的閱讀興趣等；然而，卡爾（2015）於《網路讓我們變笨？》一書中指出：「和閱讀較完整的紙本相比，線上閱讀相反的鼓勵我們用『游擊』的方式到處採集細碎的資訊，並且不斷的被其他東西干擾。」正恰如古云：「上善若水，可載舟，亦可覆舟。」數位閱讀，何嘗不是如此？

　　再者，英國哲學家培根曾提出知識學習的三種隱喻：螞蟻、蜘蛛、蜜蜂。在數位資訊時代，學生顯然不能只當苦力式的螞蟻，一點一滴的搬運知識；也不能被動的如蜘蛛等待資訊送上門；而是要成為有能力主動探尋資訊，釀化成自己知識的蜜蜂，是否具有「數位閱讀力」必然成為其關鍵（許育健，2013）。學校教育於此，不僅不能置身於外，更應積極建構數位閱讀學習策略的相關課程與教學。

　　另一方面，政府機構也應投入經費與資源提供數位閱讀的良好內容與環境，比如建置優質的兒童與青少年網站，讓學生能有可信賴的內容可以參考檢索與應用。猶如1971年起，Michael Hart創始的「古騰堡計畫[9]」，自今已經有超過4萬2千本經典名著以數位方式呈現，免費提供下載；或者近年來積極於圖書數位化的「Google圖書」，目前已經超過3千萬本書已經數位化，數位內容的積累終將持續（潘奕萍，2011）。目前國立公共資訊圖書館已建置電子書服務平台，典藏量超過15000冊，如何符應學生學習與教師教學需求，以提升擴散效益，是值得相關單位深思的。

　　由前述可知，數位閱讀包含多媒體訊息，藉著超連結的功能在多重文本中間「跳閱」，閱讀不再侷限於圖書線性的翻頁。在數位的世界，閱讀彷彿悠遊在一個知識庫，知識庫裡的資訊彼此相連，讀者可以自主的搜尋、重組所需的訊息（林巧敏，2013）。換言之，讀者本身成了數位資訊

---

9. 可參見http://www.gutenberg.org/wiki/Main_Page

的編輯者、出版者或重構者，在這歷程中，將不斷的再構文本，重新創造文本的意義。數位閱讀內容及其網路世界，即提供了讀者成為資訊再建構者的絕佳場域。

在建構學生數位閱讀能力之時，教師自身的數位閱讀能力及對這方面的認知，也成為了關鍵。Ciampa（2016）曾描述透過數位閱讀與寫作工作坊研習的過程中，讓老師們知道數位閱讀的方式與資料應用，以提升文學課程的教學能力，此歷程深具意義。換言之，唯有教師能熟悉並善用數位閱讀中「探究」與「批判」性的思維，方能帶給學生相關的數位閱讀理解策略。

總之，課堂學習形式正在轉變之中，學校不能端倚賴「資訊科技課」教授軟硬體操作知能，更應於相關領域學科，正視數位閱讀的存在，積極傳授與培養學生數位閱讀的關鍵能力，方能迎接與因應數位時代的未來。

# 素養導向閱讀教學示例：〈與山為鄰〉

閱讀是語文教學的重要核心，因為聆聽、口語表達、識字與寫字、寫作都圍繞著閱讀而開展與衍動。本文將先分析十二年國教國語文領綱關於閱讀的內容，接著以翰林版五上第四課〈與山為鄰〉為例，呈現一則教學活動設計，供教師教學參考。

## 學習重點分析　閱讀

分析十二年國教國語文領綱中，第三學習階段「閱讀」在學習表現方面，期待學生具有朗讀、應用標點符號、多元文本閱讀、文本中客觀與主觀的判斷、議論文本、摘要策略、提出自己的觀點、自我提問、推論文本

因果或觀點、善用閱讀策略、主動閱讀、辨識訊息或觀點，以及運用圖書館、科技與網路的能力。

　　若從學習內容視之，包含區辨意義段與篇章結構，能掌握篇章的大意、主旨、結構與寓意，對於故事、童詩、現代散文、少年小說、兒童劇及古典詩文等多元文本類型皆能觸及。當然，對於記敘文本、抒情文本、說明文本、議論文本及應用文本也能有一定程度的了解。

### 教學活動設計　閱讀問思教學

　　本課〈與山為鄰〉是張騰蛟的作品，呼應本單元「自然饗宴」的主題。從第一段獨立一句：「終於成為山的鄰居了，這是久久以來便期望著的」便可感受到作者在本篇文章中想表達的「企盼」與大自然相處之情。以下，就以素養導向國語文教學設計四原則──生活情境、語文知識、學習策略與問題解決四者，呈現一份簡易的教學活動設計。

**❶ 準備活動：生活情境導入**

　　「各位同學好，有沒有到山林裡面散步，或者住宿在山林裡面的經驗？

　　請說說你對在大自然生活的感想？」

　　先請學生兩兩討論，再隨機請幾個學生發表。

　　「好，接下來，我們就看看與山為鄰這課在說什麼？跟你的經驗是否相同？」

**❷ 發展活動：語文知識與學習策略**

（一）抒發個人閱讀心得

　　請同學們自讀課文，重點擺在作者與山為鄰的各種「感受」。

　　「讀完這課後，請說說自己最喜歡哪一句或哪一段？」

　　每個人對於這一篇以充滿「抒情」的文章，其實也有不同的感受，可能聯會想到自己的一些經驗吧。

（二）鳥瞰文本：理解架構與主要內容

　　談完個人與文章的感受之後，我們先以「鳥瞰」的方式來理解這篇文章「整體」的內容。

　　「這篇文章有六個自然段，你們討論一下，可以合併成幾個部分，這每個部分主要談些什麼？」

　　小組討論。如果學生有些困擾，可以提示以四個部分試試。（搭設鷹架）

　　「請各組以一個語詞來概括這四個部分。」

　　引導小組覺察本文是由「期盼成真」、「過去經驗」、「現在生活」、「感受愉悅」四者所構成。這是一結構較為鬆散，卻充滿喜愛大自然情懷的記敘文本。

（三）文句理解：推論與詮釋

　　提問1：在第二段中，用了許多結合「山」這個字的詞語，同學們把這些詞圈起來，並說說這些詞的使用，給你帶來什麼意義或感受。

　　（訪山、戀山、山民、住山、吃山、玩山、樂山，過山的生活，度山的歲月，山林之子，走進了山、接近了山，成為山的近鄰）

　▶ 參考答案：對於在山林中生活充滿了各種期待。

　　提問2：在第三段中，提到了一串一串的「鳥聲」，這部分表達了作者的什麼感受？

　▶ 參考答案：他喜歡賞鳥，在山林中與鳥為鄰，那是一種自由。

　　提問3：在第四段談到了滿山的綠，尤其如「凡是山，就應該擁有一身翠綠」或「群樹蓬鬆著它們繁茂的枝葉，每棵樹下都有一灘濃蔭」等句，表示了他對山景有什麼樣的想像？他又用了哪些語句來強調他的想像呢？

　▶ 參考答案：山就該是濃綠茂密，就該充滿生機，如第四段的這些句子。

提問4：作者認為要成為「山的朋友」應該怎麼做呢？

▶參考答案：踢動腳步，走進山中。

（四）寫作手法：推論與詮釋

提問1：文章一開頭，就指出「終於」成為山的鄰居，有什麼效果？

▶參考答案：開門見山，引發讀者的好奇。

提問2：文章第三段有個部分呈現了巧妙的「過渡」，在何處？這樣的寫法帶給你什麼感受？

▶參考答案：這段先談「從前」，到中間時帶入了「現在不同了，……」引領讀者產生感受上的對比，自然的出現了文章的轉折，有峰迴路轉之意。

提問3：作者多處使用了類疊、並列或排比的文句，讓文章產生什麼效果？

▶參考答案：有一種重覆的音韻之美，感受到情感的流露。

❸綜合活動：問題解決

你和作者一樣喜歡山林嗎？或者，你比較喜歡大海？

也許，你喜歡的是草原上一彎彎的小河。

你如何把你喜歡的景物，用文字表達出來呢？

現在，就請你發揮自己的想像，結合自己的經驗，先試著確認想要描寫的景物對象，再參考本課的文句及寫作手法，試著寫出一篇小小的短文──〈與○○為鄰〉。

# 【遇見・語文素養】 流動的饗宴

「如果你夠幸運，在年輕時待過巴黎，

那麼巴黎將永遠跟著你，

因為巴黎是一席流動的饗宴。」

大部分的人都讀過海明威的小說，如《老人與海》或《戰地春夢》，對於這位二十世紀最著名的美國小說家之一，他的作品永遠有許多的討論與探究。

有一次我在書局東翻西看，無意中發現了被放在「散文類」的海明威，這就有趣了，海明威的散文，而且這是一本回憶錄——回憶他在非常年輕的時候，為了專心投入寫作，辭去了記者的工作，他和新婚妻子來到巴黎經歷的種種。

這本回憶錄的每一篇皆十分平實而自然，就好像他在面前，對我敘說他在巴黎的點滴生活，那樣的真實。

他說，他想透過閱讀找寫作的靈感，可是因為窮，買不起昂貴的書，幸好在一家名為「莎士比亞」的書店，老闆娘很慷慨的借他許多書回去看，像杜思妥也夫斯基、托爾斯泰、屠格涅夫及 D. H. 勞倫斯等人的作品，這對他後來的寫作影響甚多。

他又說，在巴黎的日子，他經常在丁香園咖啡館，點一杯牛奶咖啡坐在外面，觀察來往的人們，有靈感時就動動筆；在此，他完成了第一部長篇小說《旭日依然東升》。

有趣的是，他也曾在附近的一間小酒吧遇見尚未成名的《大亨小傳》作者費滋傑羅。兩個來自美國的年輕人，在美麗的巴黎各自尋找自己的夢想；多麼奇妙的偶遇，誰也想不到，多年後兩位都成了著名的小說家了。

海明威於1957年開始動筆寫這本回憶錄，記錄了他1921年至1926年間在巴黎的時光。1960年在古巴完稿，尚未出版，他卻在1961年7月2日自殺身亡；也因此，一直等到1964年，他離開人世的三年後才正式出版。

　　閱讀此書時，我幾乎是一口氣就把這本散文看完，許多篇章或段落又反覆看了幾遍。他總是用那麼坦然的口吻，道出他那時的許多困窘，許多的無能為力，也有許多的期待和夢想，還有那麼多的小小快樂。

　　那段日子，陪伴他最多的，卻是孤寂；孤寂一直陪伴著他，也帶給他力量。他在諾貝爾文學獎致答辭中這麼感慨地說：「寫作是一種孤寂的生活。然而，當作家擺脫了他的孤寂，他的聲名日盛之時，他的作品也漸趨敗壞了。」

　　在巴黎，他擁有最簡單的生活。

　　他說：「幾本藍皮筆記本，兩枝鉛筆，一個削鉛筆器，一張大理石面的桌子，清晨的新鮮的空氣，還有幸運——這些就是你所需要的全部東西。」

　　讀這本書，常常引來強烈的感受。

　　比如，會有聲音在腦海迴盪，提醒是否珍惜目前擁有的這一切、這樣簡單的生活。也可能，腦中畫面會回到某天他在一家雅淨的咖啡館，看見一位女孩走進來，坐下。海明威寫下：

　　「我看見妳了，美人兒，現在妳是屬於我的，
　　不管妳在等誰，也不管以後能否再見到妳；
　　我心裡想，妳屬於我，整個巴黎也都屬於我。
　　而我，屬於這本筆記本和這枝鉛筆。」

　　嗯，《流動的饗宴》海明威巴黎回憶錄，似乎，也勾起了我們的回憶，那流動不止的歲月。

閱讀，總可以引領我們想像，或讓紛雜的心靈沉澱，也讓我們更認知這萬千世界，還有那個陌生的自己。是嗎？

# 07

## 寫作教學

本章先羅列課綱之學習表現與學習內容，尤其著重在五大類不同表述方式的說明與比較。其後再討論與寫作教學相關的觀念、原則或方法。最後，以課例說明素養導向的寫作教學。

# 學習表現與學習內容

十二年國教國語文領綱所列寫作學習表現分成五個學習階段如下，內容條目分明，揭示了學生不同面向的寫作能力。以下陳列其內容並簡要說明之。

寫作各階段之學習表現

| 學習階段 | 學習表現 |
|---|---|
| 第一學習階段 | 6-I-1 根據表達需要，使用常用標點符號。<br>6-I-2 透過閱讀及觀察，積累寫作材料。<br>6-I-3 寫出語意完整的句子、主題明確的段落。<br>6-I-4 使用仿寫、接寫等技巧寫作。<br>6-I-5 修改文句的錯誤。<br>6-I-6 培養寫作的興趣。 |
| 第二學習階段 | 6-II-1 根據表達需要，使用各種標點符號。<br>6-II-2 培養感受力、想像力等寫作基本能力。<br>6-II-3 學習審題、立意、選材、組織等寫作步驟。<br>6-II-4 書寫記敘、應用、說明事物的作品。<br>6-II-5 仿寫童詩。<br>6-II-6 運用改寫、縮寫、擴寫等技巧寫作。<br>6-II-7 找出作品的錯誤，並加以修改。<br>6-II-8 養成寫作習慣。 |

（續下頁）

聽，鯨在唱歌
素養導向國語文教學設計實務

| 學習階段 | 學習表現 |
|---|---|
| 第三學習階段 | 6-III-1 根據表達需要，使用適切的標點符號。<br>6-III-2 培養思考力、聯想力等寫作基本能力。<br>6-III-3 掌握寫作步驟，寫出表達清楚、段落分明、符合主題的作品。<br>6-III-4 創作童詩及故事。<br>6-III-5 書寫說明事理、議論的作品。<br>6-III-6 練習各種寫作技巧。<br>6-III-7 修改、潤飾作品內容。<br>6-III-8 建立適切的寫作態度。 |
| 第四學習階段 | 6-IV-1 善用標點符號，增進情感表達及說服力。<br>6-IV-2 依據審題、立意、取材、組織、遣詞造句、修改潤飾，寫出結構完整、主旨明確、文辭優美的文章。<br>6-IV-3 靈活運用仿寫、改寫等技巧，增進寫作能力<br>6-IV-4 依據需求書寫各類文本。<br>6-IV-5 主動創作、自訂題目、闡述見解，並發表自己的作品。<br>6-IV-6 運用資訊科技編輯作品，發表個人見解、分享寫作樂趣。 |
| 第五學習階段 | 6-V-1 深化寫作能力，根據生活的需求撰寫各類文本。<br>6-V-2 廣泛嘗試各種文體，發表感懷或見解。<br>6-V-3 熟練審題、立意、選材、組織等寫作步驟，寫出具說服力及感染力的文章。<br>6-V-4 掌握各種文學表現手法，適切地敘寫，關懷當代議題，抒發個人情感，說明知識或議論事理。<br>6-V-5 運用各種寫作技巧，反覆推敲、修改以深化作品的內涵層次，提升藝術價值。<br>6-V-6 觀摩跨文本、跨文類、跨文化作品，學習多元類型的創作。 |

　　無論閱讀與寫作，通常被視為重要的語文素養表徵。由於此二者皆需要系統化循序漸進的引導，也需要投入大量的時間學習，因此，學校語文教育的規劃與教學實踐，將深刻影響學生讀寫能力的表現。依目前課綱之規劃，共分五個學習階段，主要的學習內容依序包含標點符號的適切使用，寫作基本能力（閱讀力、觀察力、感受力、想像力、思考力、聯想力），句子的正確完整書寫，各式寫作技巧的練習（仿、接、改、縮、擴），依寫作步驟（審題、立意、選材、組織、修潤）完成主題篇章的習

寫，能自行修改文句，能書寫不同表述類型的作品（記敘、應用、說明、議論、抒情），能仿寫、創作童詩及故事，能發表自己的作品，有寫作表達的興趣、習慣與合宜的態度，能運用資訊科技編輯作品，甚至能觀摩跨文本、跨文類、跨文化作品，學習多元類型的創作等。諸此能力，皆需教師長時間的引導，學生經常練習與發表，方可得之。

以下針對寫作學習內容的文本表述進行分析說明，此部分是閱讀教學的「形式深究」重心之一，也是寫作教學練習不同表述方式的重要指引。

## 文本表述 ▶▶▶

關於文本表述，便不得不提及「文體與文本」的區辨與意義。

「老師，請問這○○課到底是記敘文還是說明文呀？」通常我聽到這類問題，總覺得過去自九年一貫課程實施以來，關於「淡化文體概念、強化文本表述」的觀念引導，可能還是有些不足的。

簡單的說，以前（其實是近二十年前了）常見於課本某些地方會標註此課為「記敘文」、「說明文」、「議論文」等。此處的「文」，是指「文體」，也就是「文章的體裁」，再白話一點，就是「文章的主要表述方式」。這是對文章的一種概覽（overview），對文章的整體「印象」。

其原本立意是讓讀者很快的理解與掌握「不同文體應以不同的閱讀方法因應之」。然而，也許是習焉未察的教學，讓什麼文、什麼文成為某種知識的記憶，更慘的是，這其實是沒什麼價值的記憶。（你會因為不記得某課是什麼文體而感到自己語文能力不足嗎？）

那麼什麼是「文本」呢？

文本就是由文字、符號（也可加上某些圖像）所形成，具有某些意義表徵的語句或段篇（也可能是一張海報的形式）。換言之，在生活中，我們經常觸目可及各類具有意義顯現的「文本」，乃以各種不同形式的面貌呈現著，如廣告單、車票、火車時刻表、報紙、書本等。

回到教科書中的課文，最小的文本單位，大致上是「句子」。而句可成段，所以段落也可以是一個文本；段落可成篇，篇章也當然可視為一個文本。現在讓我們檢視一下十二年國教國語文領綱的內容，課綱中的「學習內容」分為文字篇章、文本表述及文化內涵，其中，文本表述方式分為記敘文本、抒情文本、說明文本、議論文本及應用文本。意即，在倡導語文素養的今日，即應讓學生有能力「辨識」一篇文章哪一個句子或段落是什麼文本表述的方式。然而，一般真實性的文本（無論是小說、散文或詩歌），都可能同時兼含記敘、說明，乃至於抒情，亦即多元文本並呈。

　　例如，翰林版國中一年級課文胡適的〈母親的教誨〉一文，整體而言，我們會說這是一篇記敘文。若仔細進一步區辨各段落，可見其前三段為敘事（記敘小時候的事），第四段為抒情（感念母親），所以這篇文章以記敘文本為主，兼含抒情文本。因此，以閱讀理解的角度而言，學生除了能對文章的整體印象（文體）有概括性的掌握外，更重要的是能對各種表述方式有所理解。

　　以下是課綱所列的五類表述方式的定義及其內涵。

1. 記敘文本：以人、事、時、地、物為敘寫對象的文本。

| 學習階段 | 學習內容 | |
|---|---|---|
| 第一學習階段 | Ba-I-1 | 順敘法。 |
| 第二學習階段 | Ba-II-1<br>◎Ba-II-2 | 記敘文本的結構。<br>順敘與倒敘法。 |
| 第三學習階段 | ◎Ba-III-1 | 順敘與倒敘法。 |
| 第四學習階段 | ◎Ba-IV-1<br>Ba-IV-2 | 順敘、倒敘、插敘與補敘法。<br>各種描寫的作用及呈現的效果。 |
| 第五學習階段 | ◎Ba-V-1<br>Ba-V-2<br>Ba-V-3 | 順敘、倒敘、插敘與補敘法。<br>人、事、時、地、物的細部描寫。<br>寫作手法與文學美感的呈現。 |

記敘乃以作者主觀的角度，為人景物等進行靜態或事實的記錄或描寫，輔以對事件動態的敘述，有點像有人在你面前說明曾經存在或發生的一些事物。因為如何描述成了重點。在此文本類型中，敘寫的方式依序有順敘、倒敘、插敘及補敘等結構內容上的變化，在部分必要的內容上，可以加以細部描寫或運用各類修辭技巧呈現出不同的效果。

2. 抒情文本：由主體出發，抒發對人、事、物、景之情感的文本。

| 學習階段 | 學習內容 | |
|---|---|---|
| 第一學習階段 | ◎Bb-I-1 | 自我情感的表達。 |
| | ◎Bb-I-2 | 人際交流的情感。 |
| | Bb-I-3 | 對物或自然的感受。 |
| | ◎Bb-I-4 | 直接抒情。 |
| 第二學習階段 | ◎Bb-II-1 | 自我情感的表達。 |
| | ◎Bb-II-2 | 人際交流的情感。 |
| | Bb-II-3 | 對物或自然的情懷。 |
| | ◎Bb-II-4 | 直接抒情。 |
| | ◎Bb-II-5 | 藉由敘述事件與描寫景物間接抒情。 |
| | Bb-II-6 | 抒情文本的結構。 |
| 第三學習階段 | ◎Bb-III-1 | 自我情感的表達。 |
| | ◎Bb-III-2 | 人際交流的情感。 |
| | Bb-III-3 | 對物或自然的感悟。 |
| | ◎Bb-III-4 | 直接抒情。 |
| | ◎Bb-III-5 | 藉由敘述事件與描寫景物間接抒情。 |
| 第四學習階段 | ◎Bb-IV-1 | 自我及人際交流的感受。 |
| | ◎Bb-IV-2 | 對社會群體與家國民族情感的體會。 |
| | Bb-IV-3 | 對物或自然以及生命的感悟。 |
| | ◎Bb-IV-4 | 直接抒情。 |
| | ◎Bb-IV-5 | 藉由敘述事件與描寫景物間接抒情。 |
| 第五學習階段 | ◎Bb-V-1 | 自我及人際交流的感受。 |
| | ◎Bb-V-2 | 對社會群體與家國民族情感的體會。 |
| | Bb-V-3 | 對萬物之情、宇宙之愛的感悟。 |
| | ◎Bb-V-4 | 藉由敘述事件與描寫景物間接抒情。 |

「詩言志，歌詠言」早在《尚書》就已經提出詩歌這類的文本具有表達個人思想及情感的功能。此處之「抒情」主要著重於作者對人、物、自然或事件的感悟，並透過直接（我很快樂、我很難過）或間接（花兒為何為我掉眼淚呢？）的方式抒發個人情感。範圍上，可由個人、人際、社會群體，甚至於國家民族之情的抒發。主要展現在詩歌、散文等類別的文學體裁。

3. 說明文本：以邏輯、客觀、理性的方式，說明事理或事物的文本。

| 學習階段 | | 學習內容 |
|---|---|---|
| 第二學習階段 | Bc-II-1 | 具邏輯、客觀、理性的說明，如科學知識、產品、環境等文本。 |
| | Bc-II-2 | 描述、列舉、因果等寫作手法。 |
| | ◎Bc-II-3 | 數據、圖表、圖片、工具列等輔助說明。 |
| 第三學習階段 | Bc-III-1 | 具邏輯、客觀、理性的說明，如科學知識、產品、環境等。 |
| | Bc-III-2 | 描述、列舉、因果、問題解決、比較等寫作手法。 |
| | ◎Bc-III-3 | 數據、圖表、圖片、工具列等輔助說明。 |
| | Bc-III-4 | 說明文本的結構。 |
| 第四學習階段 | Bc-IV-1 | 具邏輯、客觀、理性的說明，如科學知識、產品、環境、制度等說明。 |
| | Bc-IV-2 | 描述、列舉、因果、問題解決、比較、分類、定義等寫作手法。 |
| | ◎Bc-IV-3 | 數據、圖表、圖片、工具列等輔助說明。 |
| 第五學習階段 | Bc-V-1 | 具邏輯、客觀、理性、知識的說明，如人權公約、百科全書、制度演變等。 |
| | Bc-V-2 | 描述、列舉、因果、問題解決、比較、定義、引用、問答等寫作手法。 |
| | ◎Bc-V-3 | 數據、圖表、圖片、工具列等輔助說明。 |

　　說明文本自小學三年級起正式納入教材，讓學生在教師引導之下，得以認識此類文本的功能與意義。說明文本與前兩類的記敘、抒情相對而言，較具邏輯、客觀與理性，在日常生活中的各種「使用說明書」即是其

重要代表（如電器產品說明書、汽車駕駛手冊等）。說明文本在內容上善用了數據、圖表、圖片、工具列等輔助文字的說明（電腦的各式引導介面，通常在軟體視窗的上排或左右兩側），更重要的是，應透過教師的引導，讓學生知曉說明文常用的寫作手法，如描述、列舉、因果、問題解決、比較、定義、引用、問答等，並設計適當情境，讓學生能「學以致用」，也能寫出一篇合宜的說明文本（例如校園中許多活動的宣傳海報設計）。

4. 議論文本：以論點、論據、論證方式，表達對人、事、物看法的文本。

| 學習階段 | 學習內容 |
|---|---|
| 第三學習階段 | ◎Bd-III-1 以事實、理論為論據，達到說服、建構、批判等目的。<br>Bd-III-2 論證方式如舉例、正證、反證等。<br>Bd-III-3 議論文本的結構。 |
| 第四學習階段 | ◎Bd-IV-1 以事實、理論為論據，達到說服、建構、批判等目的。<br>Bd-IV-2 論證方式如比較、比喻等。 |
| 第五學習階段 | ◎Bd-V-1 以事實、理論為論據，達到說服、建構、批判等目的。<br>Bd-V-2 論證方式如歸納、演繹、因果論證等。 |

　　議論文本主要由「議」（議題、主張或觀點，即論點）與「論」（以某種論證方式提出證據來支持自己的看法，即論據與論證）所構成，自小學五年級起正式納入教材。議論主要的目的是，利用文章所列的事實、理論為論據，達到說服、建構、批判等目的。主要的證論方式有：舉例、正證、反證、比較、比喻、歸納、演繹、因果論證等邏輯思維，以表達對人事物的想法或看法。這與前述口語表達中的「演說」訓練有同樣的思維，只是演說是用「語音」來議論，議論文本則是以「文字」來表達自我的主張。

5. 應用文本：因應日常生活、人際往來與學習的需要，靈活運用各種表述
   方式而產生的實用性文本。

| 學習階段 | 學習內容 |
|---|---|
| 第一學習階段 | Be-I-1 在生活應用方面，如自我介紹、日記的格式與寫作方法。<br>Be-I-2 在人際溝通方面，以書信、卡片等慣用語彙及書寫格式為主。 |
| 第二學習階段 | Be-II-1 在生活應用方面，以日記、海報的格式與寫作方法為主。<br>Be-II-2 在人際溝通方面，以書信、卡片、便條、啟事等慣用語彙及書寫格式為主。<br>Be-II-3 在學習應用方面，以心得報告的寫作方法為主。<br>Be-II-4 應用文本的結構。 |
| 第三學習階段 | Be-III-1 在生活應用方面，以說明書、廣告、標語、告示、公約等格式與寫作方法為主。<br>Be-III-2 在人際溝通方面，以通知、電子郵件便條等慣用語彙及書寫格式為主。<br>Be-III-3 在學習應用方面，以簡報、讀書報告、演講稿等格式與寫作方法為主。 |
| 第四學習階段 | Be-IV-1 在生活應用方面，以自傳、簡報、新聞稿等格式與寫作方法為主。<br>Be-IV-2 在人際溝通方面，以書信、便條、對聯等之慣用語彙與書寫格式為主。<br>Be-IV-3 在學習應用方面，以簡報、讀書報告、演講稿、劇本等格式與寫作方法為主。 |
| 第五學習階段 | Be-V-1 在生活應用方面，以自傳、新聞稿、報導、評論等格式與寫作方法為主。<br>Be-V-2 在人際溝通方面，以書信、便條、啟事、柬帖、對聯、題辭、慶賀文、祭弔文等慣用語彙與書寫格式為主。<br>Be-V-3 在學習應用方面，以簡報、讀書報告、演講稿、會議紀錄、劇本、小論文、計劃書、申請書等格式與寫作方法為主。 |

　　常言道：「語用為語文學習的主要目的」，課綱將語文的應用分為三
大面向，分別是生活應用、人際溝通與學習應用。生活應用包含：自我介
紹、日記、海報、說明書、廣告、標語、告示、公約、自傳、簡報、新聞
稿等寫作方法指導。人際溝通包含：書信、卡片、便條、啟事、通知、電

子郵件、對聯、柬帖、題辭、慶賀文、祭弔文等慣用語彙及格式的理解與應用。學習應用包含：心得報告、簡報、讀書報告、演講稿、劇本、會議紀錄、小論文、計劃書、申請書等格式的寫作。此部分涵蓋範圍甚廣，幾乎生活中能見到以文字或符號展現其特定功能與意義者，皆應理解並適切練習使用。

　　以上介紹了五大類的文本表述，這些不同的表述方式及內容分散於各年級的教材與示例，如何應用合宜的理解策略，以及模仿、習得與應用是寫作教學的重點之一。

 # 觀念、方法與原則

　　在談論寫作教學之前，我們可以先思考「關於寫作，我認為寫作是……」這個問題，惟有自身確認寫作的意義，方能展開寫作歷程的引導。且看下方這段文字。

> 臺北正下著好大好大的雨。
> 我從另一棟教學樓走來，因沒帶傘，索性，映著昏黃的燈影，自在的雨中徐行。
> 其實，大雨沒有想像中的大，
> 雨水像一條條水晶，軟軟的落下，
> 在地上迸出水花，在我的鞋首引走。
> 我的衣，我的臉，被她親吻著。
> 我喜歡她如此的灑落，是秋的告白。

上述文字是2017年10月的某一天，因為下雨，因為有些感受，於是用文字記下，並發布在社群網站上（當然，此舉也引來了許多的按讚與回應）。因此，若你問我對寫作的看法，也許是：「我會用文字分享生活」。我甚至想，如果，我們讓孩子也會用（或者喜歡用）文字分享他們的生活，這是不是一件美好的事嗎？

　　然而，我們似乎遇到了一些問題。例如，各版本國語文教材皆以閱讀為核心，以「單元主題」編排，著重內容理解，而非序列性的寫作訓練。又如，教師經常以優秀良善的文學作品作為範文，此與學生學習寫作的起點並不相符，導致「取法於上，卻未得乎其中」。尚如各校寫作教學以過去「作文教學」為習慣（寫作教學重「歷程」，作文教學重「結果」），也因時間有限（或未規劃定期的寫作指導時間，僅利用語文教學之餘進行隨機指導），致使各校僅依「每學期要交幾篇作文」之成果導向思維，教師止於批改，未有其他時間指導。其他如不同文本表述方式的引導與練習，甚至缺乏寫作後的發表分享的機會與平台，使得今日寫作教學人皆稱其重要，卻無力實踐行動，達成寫作教學的目標（也就是所謂的「有寫作，無教學」）。

　　基此，筆者主張，應為寫作教學預留教學指導時間，乃至於學生在校經指導後即席寫作的時間，輔以不同學習階段國語文教師系統化循序漸進的指導，並提供學生發表討論分享的空間。也就是給寫作練習時間、給寫作方法策略、給作品展示空間，方可能改變目前困境。以下將依寫作教學目標及寫作指導規劃二者分述說明之。

## 寫作教學目標與重點 ▶▶▶

　　文章寫作不外內容與形式；形式關於技巧，內容則關乎涵養（陳弘昌，2001），亦即「形式」可於課堂透過教師教學與教材輔助進行有形的訓練（如造句、寫段、謀篇的方法練習），但寫作的「內容」（即取材來

源），則須賴直接經驗或閱讀思考得之。形式與內容相輔亦相成，指導寫作方法或技巧的同時，也要讓學生能透過觀察、想像、感受、聯想等歷程擇取內容，方可完成一次的寫作練習。

寫作的要求，一般而言，依不同的學習階段，即為「先求有，再求好，而後求善求美」。換言之，讓學生能先用文字記錄口語或想法（即我手寫我口），這是「求有」；再透過閱讀教學中的「形式深究」學習模仿，讓學生的口語文字漸轉變為較為精煉的「書面文字」，此為「求好」；最後，透過自我不斷的學習精進，讓寫作的內容具有較高層次的思想觀念與寫作技巧，這就是所謂的「求善、求美」。

以中小學寫作能力的循序養成而言，大抵可由兩軌並行之——「教材序列技能練習」與「校本定期段篇習寫」。

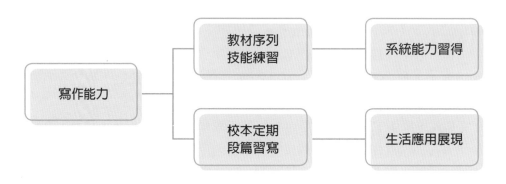

「教材序列技能練習」可生成其寫作系統性的能力與方法，依九年一貫課程綱要及十二年國教語文領綱內容，可約略條列如下十項：

1. 能培養觀察與思考的寫作習慣。
2. 能正確流暢的遣辭造句、安排段落、組織成篇。
3. 能認識各種文本表述方式，並練習不同類型的寫作。
4. 能應用各種表達方式練習寫作。（如改寫、接寫、擴寫、縮寫等）
5. 能具備自己修改作文的能力，並主動和他人交換寫作心得。

6. 能依收集材料到審題、立意、選材、安排段落、組織成篇的寫作步驟進行寫作。

7. 能了解標點符號的功能，並在寫作時恰當的使用。

8. 能習得文句變化產生的效果（修辭），並加以模仿及運用。

9. 能練習使用電腦編輯作品，分享寫作經驗和樂趣。

10. 能欣賞自己的作品，並發揮想像力，嘗試創作。

這些內容大致上都可以借助各版本國語文教材中的課後語文練習、統整活動或習作題型得到基本的練習機會。尤其是低、中年級乃由以說練寫、組詞成句的觀念引領，參見下方說明。

## 寫作奠基：以說練寫、組詞成句 ▶▶▶

在第一學習階段的寫作訓練主要是以口述作文為主，也就是所謂的「我手寫我口」（把自己說的話寫下來），即藉由說話的語音表達能力（句或段），逐次體現到寫作的表現上。

就實質寫作的練習而言，「寫好句子」是低年級重要的目標。而句子乃由詞語組構而成。因此，無論是語文教材或口語表達皆有「詞語練習」的設計，例如：同義詞聯想（同意、贊成）；反義詞聯想（大與小、胖與瘦）；詞頭聯想（木頭、木門；表示、表達）；詞尾聯想（陽光、月光；努力、苦力）。也有「由詞成句」的練習，如語詞造句（蜜蜂 飛過 一朵朵 美麗的 小紅花。）；照樣造句（誰＋在哪＋做什麼）；換句話說（溫暖的圍巾，是為了你怕冷特別準備的）；關聯句型（因為下雨，所以撐傘出門。），此外還有選詞填句、接寫語句、選用連詞（關聯詞）等。

低年級學生由於識字量尚不足，故經常會透過「看圖」進行口語表達或簡單書寫的活動。如看圖說寫、看圖寫詞、看圖填句、看圖問答、看圖敘事（多幅圖、單幅圖、隨機組合圖等）。其他的寫作練習包含標點符號的填寫（可選填、修正或自填），生活中常見應用文本的練習（小日記、便條、卡片等）。

由於寫作的初始即是將生活中的見聞記錄寫下，因此，具有「觀察力」（透過觀察收集寫作材料）是重要的寫作基礎之一。常見的觀察法有：分類、總分、環視觀察、鳥瞰觀察、移步觀察法、依時觀察、多感官記錄等。

由於小學三年級起，正式學習篇章寫作。配合「校本定期段篇習寫」詳細規劃內容，將有助於學生不同文本表述方式的練習與成果展現。此部分可參考楊裕貿（2017）於《國語文教學理論與應用》（王珩等合著）一書中「第八章　寫作教學」（頁264-273）所呈現的低、中、高年級寫作課程設計示例表（有學期課程表及週次寫作活動規劃表等），有助於各校建立定期寫作教學系統，以補目前僅依國語文教科書內容練習的不足。

以低年級建立基本寫作能力的活動設計爲例，可包含：句子換詞說一說、重組句子練習、照樣說一說、語詞造句、讀句說寫、記錄佳句、四字語詞造句、仿寫句子、觀察後寫下來、接寫句子、分句與整句的理解、讀一讀寫一寫、說一說寫一寫等句子練習的內容。

## 寫作雙軌：語句練習、篇章敘寫 ▶▶▶

在小學中年級時，識字量已經約有一千至二千字之間，組字成詞的能力也相對於低年級有明顯的增長。此階段已可以用這些字詞書寫，簡單表達個人的經驗與想法。寫作目標是要求寫出語句通順、語詞正確與語意完整的句子；並進一步練習記敘與說明等不同文本的表述方式。亦即以語句練習、篇章敘寫爲目的的寫作雙軌學習。

中年級的基本練習延續低年級的內容，讓句段內容能更爲豐富，或敘寫更有變化。例如：觀察紀錄（如要求學生觀察生活中的景物，寫出不同時間的變化）；敘寫事件（如找一找家裡的舊照片，寫一寫以前發生的事情）；蒐集寫作的材料，模仿課文某些段落的寫法；描寫景物（介紹自己喜歡的小動物）。也有一些基本能力的再強化，如語句通順練習（下面的

五個句子應該怎麼排列才合理通順）；各式的關聯複句造句練習（有……有……還有……）；想像力練習（小象的耳朵變成了翅膀，會怎樣呢）；練習說明事物；課文結構仿寫（先描寫事物，再寫想法）；敘事技巧（清楚交代時間、地點和人物，把事件說明白）；應用文本練習（書信、廣告單）；故事續寫；修正句段內容；審題分析；故事編寫；標點符號應用等。

　　除了上述基本練習，段篇的理解與書寫成了中年級開始重要的任務。在談論各類段篇文本寫作要領之前，再回顧一下前述所稱「文體」的概念。其後並介紹記敘文本及說明文本的寫作指導。

## 文體概說 ▶▶▶

　　承前面章節所述，文體就是文章的體裁，也就是文章的概覽。若以較嚴格的定義來說，是指：相對獨立的篇章體裁，強調其規格與形式。主要的判別（或分類）的規準有依不同內容、依不同形式，或依不同目的等。例如：

1. 依其社會應用功能（生活應用的內容）：論辯類、序跋類、詔令類、碑志類、雜記雜、哀祭類等；
2. 依其篇幅形式結構：律詩與絕句、《文心雕龍》指稱之散文與韻文、各類型小說等；
3. 依其文章表達目的： （一般應用）記敘、議論、說明、應用，或（文學表達）詩歌、散文、小說、戲劇等。

　　可見所謂的「文體」，各有其分類思維與區別規準。然而，教育部為方便出版單位對於語文教材的編選，於1993年版的國語課程標準之讀書教材綱要中，即列出國小各年級教材選編的架構，於是當時語文教材出版公司或一般教師所認知的「文體」分類即生出於此，以此作為課文標示「文體」的參考。如下表：

| 1993語文課程標準 | 1年級 | 2年級 | 3年級 | 4年級 | 5年級 | 6年級 |
|---|---|---|---|---|---|---|
| 1. 散文 | | | | | | |
| 　記敘文 | | | | | | |
| 　　一般記敘文 | ◎ | ◎ | ◎ | ◎ | ◎ | ◎ |
| 　　故事 | | | | | | |
| 　　　童話 | ◎ | ◎ | ◎ | ◎ | | |
| 　　　寓言 | ◎ | ◎ | ◎ | ◎ | ◎ | ◎ |
| 　　　神話 | | | ◎ | ◎ | ◎ | ◎ |
| 　　　一般故事 | | | | | | |
| 　　　民間故事 | | ◎ | ◎ | ◎ | ◎ | ◎ |
| 　　　自然故事 | | ◎ | ◎ | ◎ | ◎ | ◎ |
| 　　　歷史故事 | | ◎ | ◎ | ◎ | ◎ | ◎ |
| 　　　科學故事 | | | | | ◎ | ◎ |
| 　說明文 | | | ◎ | ◎ | ◎ | ◎ |
| 　議論文 | | | | | ◎ | ◎ |
| 2. 應用文 | | | | | | |
| 　　日記 | | ◎ | ◎ | ◎ | | |
| 　　書信 | | ◎ | ◎ | ◎ | ◎ | ◎ |
| 　　便條 | | | ◎ | ◎ | | |
| 　　布告 | | | | | ◎ | ◎ |
| 　　通知 | | | | | ◎ | ◎ |
| 　　題解 | | | | | | ◎ |
| 3. 韻文 | | | | | | |
| 　　兒歌 | ◎ | ◎ | ◎ | ◎ | | |
| 　　詩歌 | | | | | | |
| 　　　現代的 | | | ◎ | ◎ | ◎ | ◎ |
| 　　　古典的 | | | ◎ | ◎ | ◎ | ◎ |

（續下頁）

| 1993語文課程標準 | 1年級 | 2年級 | 3年級 | 4年級 | 5年級 | 6年級 |
|---|---|---|---|---|---|---|
| 韻文 | ◎ | ◎ | ◎ | ◎ | ◎ | ◎ |
| 4. 小說、劇本 | | | ◎ | ◎ | ◎ | ◎ |
| 5. 簡易文言文 | | | | | | ◎ |

### 記敘文本的寫作要領 ▶▶▶

　　記敘文本包含對人、事、物、景的記錄與描述。以結構安排來說，人可以從其語言表現、表情動作、情緒態度或心理狀態等面向來書寫；就敘事而言，可依時間（如小時候─長大後─後來─現在）或空間（遠方─前頭─右側─左邊─後方），或者時空交錯（某日在某地，某時在另地），抑或較為抽象的事件關係（順承、因果、層遞等）；也可以對於物的形式或用途，或景的整體與局部等進行書寫。

　　若再探究記敘文的表達方式，可概分為「記」與「敘」。記，偏屬對人、物、景的「描寫」；強調對現象或狀況的陳述。通常期待能達到「形象生動、新穎不俗」的水準，主要的方式是白描法（輪廓勾勒）或細描法（精細刻劃）。另外，可採正面、側面、反面、具體、抒情、想像、心理等不同角度書寫，將可使記敘的對象更加多元、立體，令人印象深刻。敘，偏屬對事的「敘寫」；強調對事件的過程敘述，主要的規準為具體明晰、詳略得宜、樸實真切。可採順敘、倒敘、平敘、插敘、補敘等方式，創造故事情節的變化性。

### 說明文本的寫作要領 ▶▶▶

　　說明文本主要的目的是「邏輯、客觀、理性的解說事物或闡明事理」。事物說明類的文本重點在於「是什麼」（What），介紹事物的性質、狀態、類別、結構、用途、發展等。必須能找到事物的特點，以及同類事物間的區別。事理說明類的文本重點則在於「怎麼樣」（How）、

「爲什麼這樣」（Why），主要目的是說明其原理、規律、關聯與邏輯。

　　說明文的表達方式有：介紹說明（定義，說明、指出特色等）、數據說明、圖表說明、分類說明、分解說明，或以描寫、舉例、比喻等文學修辭的應用，達成「說清楚、講明白」的目的。

## 抒情文本與應用文本的配合應用 ▶▶▶

　　中年級的段篇文本除了前述的「記敘文本」及「說明文本」之外，尚有「抒情文本」及「應用文本」的練習。此階段抒情文本如同課綱之學習內容所言，低年級已經學習直接抒情（用情緒或心情詞語表達自己或他人的情感），中年級則加入藉由事件或景物的間接抒情練習（比如用陰天代表自己的心情），此部分可由課文的一些優美句段仿作練習。

　　應用文本除了低年級的日記外，可學習海報、書信、卡片、便條、心得報告等應用格式的寫法學習。教師應依學生「生活情境」給予適切的機會練習（比如剛好有同學受傷住院，便讓學生寫卡片問候他），方是語文素養的展現。以下介紹高年級的寫作教學重點。

## 綜合開展：不同表述方式的交互應用 ▶▶▶

　　高年級除了前述的四類文本表述方式的持續習得與練習使用之外，乃新增議論文本的書寫概念。至此，五類的文本表述方式已然完備，其後的第四學習階段（國中）及第五學習階段（高中）則是以加深加廣、靈活適切運用不同表述方式，交互展現在所需的情境之中爲寫作教學的目標。

　　在高年級的國語文教材之中，課後的寫作練習內容多以「段落」習寫爲主，諸如配合課文書寫某個危急時刻；或讓學生回想生活中許多美好的事物，並仿照「我喜歡」一文試寫屬於自己的經驗感受等。除此之外，多著重在篇章內容的習寫，以下即介紹高年級新增的議論文本寫作要領。

## 議論文本的寫作要領 ▶▶▶

　　議論文乃是依某論點（即主張、看法或觀點），提出相關論據，以某種論證的方式進行論述的文體。一般而言，議論文的結構就形式來說，有三段論法（如引論、本論、結論），也有四段論法（如起、承、轉、合），也可以採用五段（如破題、立論、闡述、方法、結論）。就段落內容的關係而言，即有總分結構（如總分總、總分—演繹、分總—歸納）、並列結構（如外形、內在、功能）、遞進結構（如由淺而深、由輕而重、由近而遠等，還記得某一首歌——沒有天哪有地、沒有地哪有家、沒有家哪有你、沒有你哪有我……）等。

　　一篇好的議論文，「論證」良善與否是關鍵。因此，大部分會善用如例證法（言例、人例、物例、事例、假設等）、引證法（引用理論或思想）、喻證法、正證法、反證法、因果論證等。論證是一種議論的思維展現，好的論證方得以服人。

　　到了在國中、高中階段，各類文本的表述方式及技巧大致都已經學習。為讓學生挑戰一些寫作的範疇與思考邏輯的應用，會進一步限制某些情境或給予某些條件，進行所謂的給料作文、限制作文或情境作文的篇章寫作練習。或者提供社會相關議題，供學生換角度思考，如健保制度之我見。也可以進行詩歌創作或仿寫，或給同學的作文評語意見，還有一些生活中應用文本如報告、海報等的製作，並用於學校或生活情境之中。總之，國中、高中以精熟寫作技巧，提升思維層次為寫作教學的目標。

## 【遇見・語文素養】 寫不寫，有關係

　　參與國語文教科書編寫工作，已經數年。

　　每當看見自己主導編選的文章呈現在教科書之中，頗令人感到愉悅。

　　因為每一篇的選文，每一項的練習設計，在教師手冊中的引導說明與提問設計，能通過審查，被老師們選用，都代表對編選團隊許多心力付出的肯定。

　　依現行審查辦法的規定，出版後兩年即可調整修正教材內容。

　　於是，許多修訂的想法，便由市場（學校老師）透過業務回應到編輯部門。其中，最主要的回應是：習作「寫」的太多，沒有標準答案，不好批閱。因此要求把許多的表格填寫或文字問答題改為「選擇題」，或「連連看」。

　　對此，我有些不同的想法。

　　以107年學測的「國寫」（國語文寫作測驗）為例，共有兩篇文章，各為一短一長的寫作測驗。一篇要求說明議論取向，另一篇則要求記敘抒情取向，總共是二短二長。更重要的是，要在80分鐘內完成。

　　您若如果有空爬梳一下各界的言論，大抵都為現在孩子們的寫作表現感到擔心。寫作能力是循序累積而成的，相信諸家皆能同意。

　　反觀，目前因為國語文課時少，習作練習內容也相當有限，加上政策要求不能給予孩子們過量的作業（但，安親班、補習班會給更多，不好意思，離題了），結果是，練習的「時間」與

「機會」變少了。

　　大家應該也能同意，簡單的工作，重複做，就會形成能力。

　　依此，很少寫，如何形成寫的能力呢？

　　選擇題或連連看的題型，再如何高端的設計，也只能檢視學生的記憶再認、推論整合等中低階的理解能力，至於中高階的比較評估、讀寫整合能力，乃至於引導式寫作或自由創作，幾乎難以檢視。

　　也許老師們會說，我們都有定期在寫篇章作文，一學期有好幾篇呢。回到前提，語文能力的序列積累，不外是由字詞句段，乃至成篇章，若未逐課分部進行各式各樣的詞語練習、句段鍛鍊，配合運思想像，豈可躍然成「篇」？

　　語言與文字，是表達我們思想和情感的重要媒介，也是生活的日常，如果在培養基本寫作能力的國教階段，只重理解，輕忽表達，未來的孩子也許會成為「有想法」，但「有口難言，有筆難下」的一代，這應該不是我們所期待的吧。

　　所以，寫不寫，真的有關係。

# 素養導向寫作教學示例：〈荷塘月色〉

　　寫作是語文表達的方式之一，也是最難習得的語文能力；因爲好的寫作能力，必須有良好的聆聽、口語表達、識字與寫字、閱讀等能力作爲基礎。本文將先分析十二年國教國語文領綱關於寫作的內容，接著以翰林版六上第九課〈荷塘月色〉爲例，呈現一則教學活動設計，供教師教學參考。

## 學習重點分析　寫作

　　分析十二年國教國語文領綱中，第三學習階段「寫作」的學習表現方面，期待學生具有適切使用標點符號、具思考力與聯想力、掌握寫作步驟、練習各種寫作技巧、能修改與潤飾作品內容，以及具有適切的寫作態度。

　　若從學習內容視之，與本課相關者包含現代散文的閱讀，能具自我情感的表達能力，以及對物或自然的感悟能力，進而藉由敘述事件與描寫景物間接抒情。依此，朱自清的〈荷塘月色〉堪爲散文經典作品，值得學生欣賞觀摩與學習其相關寫作技巧。

## 教學活動設計　景中藏情

　　〈荷塘月色〉是置於「作家與作品——四時有感」的單元主題之下。顯然在教學設計上，除了文本細讀之外，也應連繫作家的生平與寫作脈絡，可加深讀者對此文的理解。以下，就以素養導向國語文教學設計四原則——生活情境、語文知識、學習策略與問題解決四者，配合寫作的相關要求，呈現一份簡易的教學活動設計。

**❶ 準備活動：連結經驗，觸動回憶**

「各位同學好，是否曾經有在夜裡獨自散步的經驗？請說說你那時的感受？」

先請學生兩兩討論，再隨機請幾個學生發表。

「在夜裡散步時，是否仔細觀察了周遭的景物？某些景物是否觸發你一些想像或思考呢？」

再請學生小組討論，請學生發表。

**❷ 發展活動：讀寫結合，試說仿作**

（一）事件脈絡

「本課首句即爲：這幾天心裡頗不寧靜？除了心情，你們讀到作者出去散步，還有什麼原因嗎？請從第一段找出事件的主要背景脈絡。」

學生試找，並回應：

「在這滿月的光裡，總該另有一番樣子吧！」，「滿月」應是一個促發因素；於是，作者在不想驚擾妻兒的情況下，「悄悄的披了大衫，帶上門出去。」

教師引導：「若我們要初擬一篇記敘類的文章，必須簡要說明事件的起因，讓讀者能具有較清楚的脈絡，比較容易進行文章的情境。」

（二）理解架構

「接著，讓我們來理解這篇文章的主要架構。」

「這篇文章共分爲六段，你們可否找出每段的關鍵語句，試著釐析文章段落之間的關係呢？」

學生討論後，應可分析出以下的關鍵語句：

1. 起身出門：交代原因。
2. 概覽荷塘：沿著荷塘，小路與荷塘四面。
3. 自由獨行：路上只我一人，自由的人，獨處受用這無邊的荷香月色好了。

4. 花葉景緻：荷塘上面，田田的葉子，微風讓葉子與花也有一絲顫動。

5. 月塘相映：如流水一般，靜靜的瀉在這一片葉子和花上。

6. 楊柳蟬蛙：四面的樹將荷塘重重圍住，此刻蟬蛙共鳴。

整體而言，以個人出遊為始，景物的遠近、動靜的映襯為各段的重點。使讀者似乎也靜默的跟隨朱自清的視角走了一回荷塘，歷歷如繪。

（三）情景交融

「本文中，作者多處透過景物細膩描寫，交融著個人的情感，你們可以試著找出來嗎？」

線索1：心裡頗不寧靜。忽然想起日日走過的荷塘，在這滿月的光裡，總該另有一番樣子吧！（心情與月光）

線索2：沒有月光的晚上，這路上陰森森的，有些怕人。今晚卻很好，雖然月光也還是淡淡的。（月光促發欲探索的動機）

線索3：路上只我一人，背著手踱著，這一片天地好像是我的；我也像超出平常的自己，到了另一世界裡。我愛熱鬧，也愛冷靜；愛群居，也愛獨處。像今晚上，一個人在蒼茫的月下，什麼都可以想，什麼都可以不想，便覺得是個自由的人。（享受孤獨的夜行）

線索4：雖然是滿月，天上卻有一層淡淡的雲，所以不能朗照；但我以為這恰是到了好處，酣眠固不可少，小睡也別有風味的。（淡月增添情趣）

線索5：這時候最熱鬧的，要數樹上的蟬聲和水裡的蛙聲；但熱鬧是他們的，我什麼也沒有。（蟬蛙的熱鬧對比了他此刻內心的恬淡之情）

❸ 綜合活動：試作仿作，發表分享

「非常棒，那麼我們也來試著提取你個人夜行的經驗，仔細回想你當

時的心情與感受，先試著寫下一些片段回憶。等一下試著與小組的同學分享。」

在五分鐘的個人試擬之後，每位同學在小組內分享個人經驗。

「如果你不知道如何下筆，可以參考這篇文章的架構，先寫緣由，再描寫景物，並同時穿插個人當時的感受，最後再簡單的收尾。」

請學生進行二十分鐘的初稿試寫。

「現在，請你在小組內念讀自己目前已經寫好的內容。其他同學要給予正向回饋及修正建議呵！」

回家作業：正式書寫一篇五百字左右的短文，可自訂題目。

## 【遇見・語文素養】 距離

　　我問：如果你面對「距離」這個作文題目，你會想要寫些什麼？

　　這是某日下午在花蓮縣富里國小教師研習談「讀寫結合」的開場活動。

　　短暫思考後，老師們紛紛分享他們的想法，比如：

　　「交通便利了，距離似乎變近了；科技進步，心的距離卻更遠了。」

　　「我們之間最遠的距離是我在你面前，你卻看不見。」

　　「距離就是時間乘以速度，我想到好難的數學。」

　　「距離呀，就是貌合神離，現在的夫妻……」（驚！）

　　……

　　每個老師對「距離」的聯想，都有些不同程度的差異，挺有趣的。

　　但不變的是，那是他自己對「距離」一詞最直接與深刻的理解。

　　讓「作者們」對話，可以激發更多的想像與思考。

　　所以，作文課的討論與分享，是寫作前的重要活動之一。

　　我也來談談，我的「距離」。

　　國高中的寒暑假，大部分的時間，我都是貨車司機的助手。

　　貨車司機就是我父親，我就坐在他的右邊，一次南北送貨，通常是耗時24小時，800至1000公里的距離。父子在車上的時間很長，可是，我們的對話，可能十句不到。

　　每次回程的送貨，我們大約會在中部吃午餐，應該都是大馬

路旁邊不起眼的滷肉飯店或小吃店。由於大貨車不能久停路邊，所以我們會匆匆進店。父親會跟老闆點二碗大的滷肉飯，和一碗小的滷肉飯，湯，燙青菜之類的。

他自己吃小碗滷肉飯，我吃兩碗大的，重點是，他從來沒問過我，就直接點了（可能覺得我是青春期，該多吃點，可是，二碗大的滷肉飯耶！）。而且，他吃飯很快，吃完轉頭就走，去櫃台付了錢，就直接上車抽菸等我了。

我總是飛快的吃飯菜，希望趕上他吃飯的速度（這就是我為何吃東西很快的原因）。然而，我似乎總是慢了一步。上了車，有時他會說，時間很趕下次吃快點……。

傍晚時分，送完貨，在夕陽餘暉拉長的影子引導下，車子緩緩前行，我們會輕鬆的喝著啤酒，雖然還是不說話，但我可以感覺到我們的「距離」似乎沒那麼遠了。

故事說完，我讓老師們再想一想，他們對「距離」的構思是否有些不同了，從大家的表情，我似乎得到肯定的答案。

寫作的本質，永遠是為了以「文字」表達存在腦海中的「想法」或「感受」，而這想法或感受，必須是深刻的，對自己有意義的，以真誠的態度抒發情感或主張，才是有人味兒的文章。

以套路或技巧寫的作文，或許流暢，甚至華麗，但那些文字，永遠不會成為個人生命的一部分，只是過客。

# 08

## 古典詩文，
## 可以怎麼教？

這幾年，在中小學分享語文教學觀念與作法的多次經驗中，發現許多老師有著同樣的困擾（或不確定感）：「面對小學高年級開始出現的古典詩文，該如何引導學生學習？」或者「國中的古典詩文約占每冊的三分之一，甚至是二分之一的課數，該如何讓學生產生興趣，乃至於具有理解古典詩文的能力？」諸此種種，長久以來，成為語文教師熱烈討論的主題。

本文將依序由L. M. Rosenblatt（1904-2005）的「讀者反應論」（Reader Response Theory）談起，再論及十二年國教國語文領綱中提及的古典詩文的教學目標，尤其關於不同學習階段語文、文學與文化其學習內容比重的討論，進而分別提出國中與小學進行古典詩文的教學設計思考，希望提供中小學語文教師面對古典詩文教學時的參考。

 ## 讀者反應論，說了些什麼

1938年，美國語言學家Rosenblatt出版了其經典著作《Literature as Exploration》（文學即探究），提出了有別以往，由「作者中心」（即以追求知曉作者想法為目的閱讀活動），轉向「讀者中心」的理解取向——她認為，讀者與文本具有密不可分的關係，讀者才是文本意義的主要建構者。換言之，閱讀理解的產生，並不獨立存在於文本（或者文本附註的「作者如是說」），而在於讀者與文本交流的過程之中，「意義」是動態的，是個人的，具有多元詮釋的可能。

其後，1978年她的第二本著作《The reader, the text, the poem》，把讀者反應更鮮明的比喻為如我們讀「詩」般的經驗，更具有豐富想像與個殊差異的特質。加上1980年代也正是美國認知心理學蓬勃發展的黃金時代，在意讀者的想法，尊重讀者的詮釋權，也形成了今日解讀多元文化的重要基礎之一。

簡而言之，讀者反應論指出閱讀活動是「建構性」的，就閱讀的歷程來說，有三項假設：1.閱讀時，讀者乃主動參與建構意義，而非被動接受文本的內容；2.意義不存在於文本當中，相反的，意義是只存在於讀者的心靈，此乃讀者與文本交流的結果；3.每個讀者的理解具有差異，因為每個人的知識與經驗背景都是獨特的。因此，讀者對於文本的反應，也就是所謂的閱讀理解心理歷程，包含了辨識（identification）、融入（engagement）、描述（description）、解釋（interpretation）、評價（evaluation）、共鳴（evocation）、回應（response）、反省（reflection）等。

　　猶如林語堂曾說，讀書乃涉及兩方面的事情：一在作者，一在讀者。作者固然對讀者做了不少的貢獻，但讀者也能藉著他自己的悟性和經驗，從書中悟出同量的收穫。因此，閱讀是人們根據過往的經驗，在腦中建構意義圖像的過程，是讀者心智與文本互動的關係，更是「文本」與「讀者」過去經驗交互作用後產生的結果，這是一種動態的且複雜的歷程。

　　由上可知，「讀者反應論」的主張有別於傳統的「作者中心觀」。作者中心的設計可見於目前各版本的國文教材制式編排，先是「題解」（這篇文章的重點所在），接著是「作者」（是誰寫的、他為什麼寫、寫作風格等），然後才是「文本」，為了讓學生有精確的理解，會附上「注釋」，甚至「翻譯」，最後再用「課文賞析」把學生（讀者）的想法歸為「一致」，避免過度的聯想與猜測。當然，這最有利於應付具有標準答題的應試目標與情境。

　　然而，當我們接觸了讀者反應論的觀點之後，身為語文教學者，應當了解：所有的文學作品都被他的學生（讀者），以及所處的社會氛圍「改寫」，重新產生詮釋，讓作品生成新的意義。甚至可以說，教學者必須明白，讀者會將文學作品具體化，使之鮮明；沒有讀者持續積極的參與投入意義的詮釋，也無所謂的文學作品。因此，以讀者與文本互動為核心的教學時，語文教師需營造教室的「對話」情境，而閱讀的情境包含教室中的

即時情境，例如：教師的文學信念、學生的個人回應等。情境因素也包含社會文化，例如：經濟、宗教、文化等。在指導學童閱讀的技巧時，必須允許學生從自身的文化背景與文本進行交流；此外，在閱讀的過程中，同儕也能透過小組討論，互相學習評估、判斷、認同或詮釋作品的技巧。

　　總之，讀者反應論對於語文教學而言，有重大的意義：無論是課文附註的「賞析」，或是教師隨堂的個人「解析」，皆不能「單純」的將文本意義植入學生的心靈之中；因為，學生的理解不是簡單的接收訊息，而是帶著自身知識、經驗與立場看法，與文本產生交流，進而產生閱讀的理解。

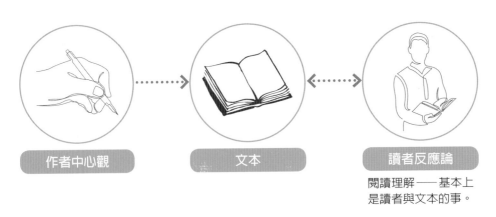

作者中心觀　　　　　文本　　　　　讀者反應論

閱讀理解——基本上是讀者與文本的事。

# 文字、文本、文化

　　我們如果找一個學生來問，古典詩文對他們的日常生活而言，其「相關性」或「功能性」如何？大部分的答案應該是：沒有太大的關係，也沒什麼實際用途……。

這其實是誤解，更可能是不了解。

古典詩文與學習表現的關係，表現在小學階段能聆聽與誦讀極具音韻感的古典詩文，對古今字詞使用差異的敏覺與理解，到了中學即可進一步對於古典詩文的句段內容與寫作技巧取得充分的理解。

此外，有一些內容值得注意，例如：識字的內容強調「識多寫少」，明確的規範了「認讀字」（只要會識與讀即可）及「習寫字」（識、讀、寫皆須習得）的數量。由此，古典詩文中出現的罕用字，就只要能識與讀即可。又如，小學階段新增了「抒情文本」，這是過去在小學慣用的「文體」類別中未曾出現的。以古典詩文而言，其句段內容多半有借事抒情或借景抒情等特質，此乃值得教師引導學生細細品味與探究。在小學階段，不強調課文中的文化內涵，以語文「工具」能力取向的文字，與從各類文本中進行「文學」探究取向為主；至於含寓文化內涵的「文化」理解，則是到中學才逐漸成為語文學習的重點之一。

 ## 古典詩文的教學目標

關於古典詩文的教學，依課程綱要的定義，無論是韻文類的古體詩、樂府詩、近體詩，乃至於詞、曲等，或者是非韻文類的古文、古典小說、語錄體或寓言等，都通稱為「古典詩文」。

古典詩文對目前的中小學生而言，普遍的感知是：「與現實生活，離得有點遠」，因此產生距離感。身為語文教師，在教學引導下，該如何消除學生與文本的距離感，是首要之務，任何事物畢竟沒有樂趣，無法長久，習而難得。進而言之，如何讓學生分別在「工具、文學、文化」等語文學習的三大面向，皆能得到合宜的學習與理解，是中小學教師預立古典詩文教學目標時，應審慎考量的。

檢視國語文領綱的內容，中學與小學對於古典詩文的學習要求與目標是有差別的。小學語文教材中「古典詩文」的學習目標是：「認識、理解並覺察古今之異，並領略古典詩文所寓含的意義。」到了中學，才透過更多各類篇章進一步區辨這些古典詩文的字詞義、虛字、古今義變、構詞等，以及相關的文化知識。簡言之，小學生面對古典詩文，就是「嗨，你好，很高興認識你！」的概念（顯然重點不是背解釋、翻譯，及人物生平之類的）；中學則是「進一步交朋友」，對於詩文的人物背景及相關的語言文化知識要能有一定程度的掌握。

　　換言之，在小學階段，這些淺白文言文或詩詞，除了基本而必需的字詞與篇章大意的理解之外，某些詞句其工具實用性甚少（許多字詞的語用方式與今日相差甚遠），若論其背後蘊涵的文化性又太高（學生對於相關人物及史地知識背景相當不足），因此主要的焦點應落在「文學性」，希望學生能：理解古典詩文所表達意思，感受到詩句透露的情感，甚至取得某些生活經驗上的共鳴。

　　到了中學，古典詩文的內容漸增，輔以社會學習領域對相關史地知識的補充，在語文學習的深度上，可以增加字、詞、句等「工具性」內容，理解古今詞義上的差異，乃至於語文相關知識（如句法、修辭）等的學習；在廣度上，則是由作家、作品，擴大至與文本相關之古今社會「文化」知識的認知。

## 小學古典詩文教學設計 ▶▶▶

　　以目前各版本小學國語教材的古典詩文內容架構而言，主要有：詩（含詩名、作者、詩句）、注釋、語譯、賞析等四項（有時會加上作者簡介）。

課例一：初次見面

　　茲以翰林版五上第十課〈詩兩首〉爲例。本課有白居易的〈觀游魚〉與賀知章的〈回鄉偶書〉，這是第三單元「文學花園」中的一課，可見以古典詩文之「文學」領略爲重點。基於前述讀者反應論及國語文領綱的目標而言，帶領小學高年級的學生對古典詩文「理解與感受」是教學的重點，因此建議調整教材呈現的順序，重新安排教學的流程。

理解語譯 〉 對讀文白 〉 朗誦詩句 〉 探究義異 〉 賞析感受

1. 理解「語譯」：學生自讀語譯內容，以知曉詩文的主述重點（詩人心境）；
2. 對讀「文白」：讓學生對讀「繞池閒步看魚遊」，「我悠閒的……水中遊玩」；
3. 朗誦「詩句」：知道詩意之後，便可爲文句斷詞析字，即可朗誦；
4. 探究「義異」：將對照「注釋」與詩句，理解古今義異之處；
5. 賞析「感受」：透過教材的「賞析」，再讓學生表達其自身「感受」爲何。

## 課例二：再次遇見

另一種古典詩文的教材體例是翰林版六上第八課的〈春天的雨〉。

這一課有兩首詩，分別是王駕的〈雨晴〉與韓愈的〈初春小雨〉。這一課位於第三單元〈作家與作品〉，顯然提示了應引導學生理解作家與作品之間的關係，這就不免涉及文化性的內涵。尤其教材的編排，一開始就出現了「韓愈與初春小雨」，為讀者的閱讀，提供重要的思考方向，如「一般歌詠春日的詩作，多以花柳居多，而韓愈則鍾情於小草。」其後接著出現原文（下有注釋）、語譯與賞析。建議教學流程與重點如下：

1. 理解「語譯」：學生自讀語譯內容，以知曉詩文的主述重點（初春雨中的草色）；
2. 對讀「文白」：讓學生對讀「天街小雨潤如酥」與「京城下起小雨……」；
3. 朗誦「詩句」：知道詩意之後，便可為文句斷詞析字，朗誦感受；
4. 探究「義異」：將對照「注釋」與詩句，理解古今義異之處（如潤如酥的意思）；
5. 認識「作者」：延伸對詩文的作者與作品風格的理解（用自己的文字，求新求變）；

6. 賞析「感受」：透過教材的「賞析」，再讓學生表達其自身「感受」與想法。

此外，這篇課文的「賞析」採總、分、總的結構安排，這樣賞析的寫法也值得讓學生去領會理解，進而認識如何寫一篇詩文的賞析。這是讀寫結合的延伸作法之一。

## 中學古典詩文教學設計 ▶▶▶

在談論中學的古典詩文之前，我們以國中教材的古典詩文比例來看看學生接觸的機會。以翰林版現行的各冊為例，除了三下以外，每冊都是12課。一上有3課，占四分之一；一下有4課，占三分之一；二上有5課，占二分之一；二下有6課，占二分之一；三上有5課，占二分之一；而三下共有8課，其中有4課是古典詩文，占二分之一。可以清楚的看到，從四分之一的課數，漸進到二分之一，文白各半的比例。可見，中學的語文教育目標，在小學「工具性」能力的日漸穩定基礎之上，逐漸以每冊近半的古典詩文來深化與拓展學生的在「文學」與「文化」的語文學習。

然而，文本中的文學與文化常被視為一堆語文冷知識的記憶，這是一種誤解；相對的，文學是為了提升學生對語言文字的美感認知與經驗連結能力，文化則是為了拓展學生對語言文字所寓含的物質文化、社群文化及精神文化等內容的理解。惟有理解、感受，並嘗試表達，方能於生活的日常，將語文素養自然地體現出來，所謂「腹有詩書氣自華」，正如此喻。

通篇審視國中的古典詩文，大抵可分為三大類：一、「古典詩詞」，如〈絕句選〉〈登鸛雀樓〉（王之渙）、〈黃鶴樓送孟浩然之廣陵〉（李白）、〈楓橋夜泊〉（張繼），或〈律詩選〉與〈元曲選〉等。二、「古典散文」，即以文言語句來記敘或論說的內容，如〈兒時記趣〉、〈記承天夜遊〉、〈五柳先生〉傳等。三、「語錄及其他」，如〈論語選〉、〈座右銘〉（崔瑗）等。這三類，除了引導學生理解罕見字詞義、虛字、

古今義變、構詞等，文白的差異外；「古典詩詞」類尚論及其體例與特色的語文知識（如絕句與律詩之分），「古典散文」類則可談論故事背景與人物特色，以及其敘事或描寫手法，乃至於其蘊含的旨意推估；至於「語錄及其他」類則重在探究文句所要傳達的道理與社會價值等。換言之，不同類別的古典詩文，有其側重之處。

就國中教材古典詩文的內容體例而言，大致上可分為以下幾大類項（以翰林版為例）：「學習重點」、「課前預習」、「題解」、「作者」、「課文與注釋」、「課文賞析」、「問題討論」、「語文小視窗」（介紹語文相關知識）、「應用練習」、「文化追追追」（介紹相關文化知識）、「課外學習指引」（介紹相關延伸閱讀書目）。

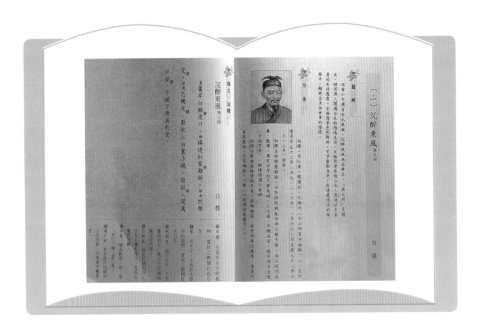

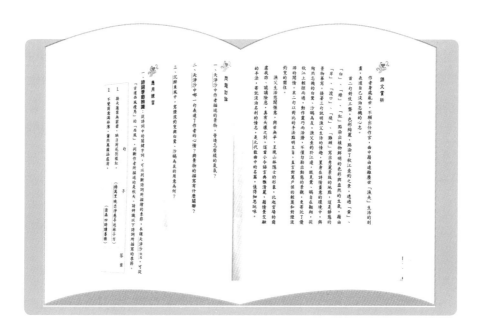

課文賞析

作者身處亂世，不願出仕作官，曲中藉由描繪歷世「漁夫」生活的刻畫，表達自己淡泊忘機的心志。

首二句針對工整、色彩絢麗，點出了秋江晚景之美，透過「漁夫」生活的閒適。

「白」、「綠」、「紅」點染出這些鮮明的色彩與盎然的生氣，藉由「岸」、「渡口」、「隄」寫出身處美景的地點，這是藉由景物摹寫。接著三句則說明漁父在詩畫意境中的情懷，「鶴」的白、沙鷗的友善，與漁父的閒適、陶然忘機的白在相情投，躍然於江邊。「鶴自在翩翩」、「沙鷗友善的景觀，更寫下了秋江上相擺而睡的景觀，說動作畫巧而描寫意態的景致，不僅對萬物無限的景致，更自在翩翩。

漁父生活悠閒無事，呈現山林隱士的形象，比起官場的危機詐、諂諛險惡，真有天壤之別，這首小令描寫幽清麗，融情境之美，著眼漁父曲名中的名盡，值得細思玩味。

這是元代散曲中的名盡，比較這幾曲子別具文雅約聖生活的嚮往。本二句以對比的手法點明與抒懷煙波釣聖生活的閒情往。

一、「白」、「綠」、「紅」寫景物鮮明的色彩與盎然的生氣。

問題討論

一、大淨沙中作者描述的景物，曾透過怎麼樣的氣氛？

二、大淨沙中，寫幾流約的景象與名盡，沙鷗為友的用意何在？

三、沉醉東風中，寫達了作者的心情，與景物的描寫有什麼關聯？

應用練習

一、詩詞評賞選讀：就詩中的關鍵字詞，可以列舉所描寫的景色，本課大淨沙出現的「西風」的作用？請新作者的最欣，請把適合下詩詞所描寫的景致。

　　　　　天子
語天遙漫秋景圖，獨目與花別樣紅。
不覺夏意滿林塘，蕭然萬頃涵處清。

句

（満萬里映志淨亭辛遣林孝方）
（菁蓮詩讀書第）

答案

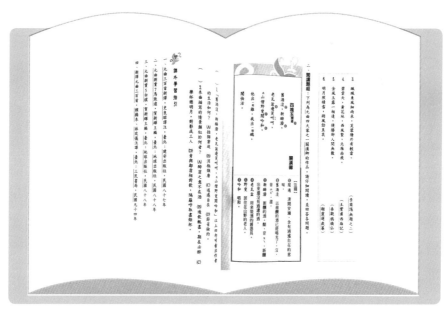

二、閱讀題組：下列作品，是元曲四大家之一關漢卿的作品，請作答問題。

關漢卿

（四邊玉靜）

舊酒沒，新醅潑，老瓦盆邊笑呵呵，共山僧野叟閒吟和，他出一鶯，我出一鵝，閒快活。

（注）
① 尾潑：清淨安謙，含有浮遊自在的意義。
② 舊酒沒：新醅潑，以舊釀的酒己經喝完，沒；新醅，新釀而尚未過濾的濁酒。
③ 老瓦盆：用來盛酒的器具。
④ 吟和：唱酬對答。
⑤ 鶯、鵝：蔬菜。

（ ）1.〔舊酒沒，新醅潑，老瓦盆邊笑呵呵〕以上三句寫出作者約的生活為何？
(A)招搖撞騙 (B)消極頹廢 (C)逍遙自在 (D)鬱悶不得志。

（ ）2.本曲描寫的景象似於哪者？
(A)粗茶淡飯 (B)青梅煮酒相對飲 (C)通宵盡歡 (D)逢故杯酒敘舊情。

（ ）3.本曲描寫與幾人相聚？
(A)獨自飲酒 (B)與老友相聚 (C)與野老隱士閒吟 (D)影成三人。

課外學習指引

一、〔喝酒遠〕，新課選，史良昭譯注，臺北，建安出版社，民國八十七年。

二、元曲三百首新譯，賈新輝主編，臺北，地球出版社，民國八十八年。

三、元曲鑑賞S印讀，賞新輝主編，臺北，地球出版社，民國八十八年。

四、新譯元曲三百首，賴橋本、林政儀注譯，臺北，三民書局，民國九十四年。

教材是固定的，已經編排好的，但教法卻是一門藝術。若以前述的「讀者反應論」與十二年國教的「語文學習目標」來說，復加考量到小學古典詩文的教學建議，或許可以如下教學流程來引導之。茲以翰林版三下〈元曲選〉為例。

1. 學習目標確認：學生預習全文，以知曉本課的學習重點（認識散曲的體制）；

2. 詩文賞析試讀：讓學生對讀「課文」與「注釋」，隨之閱讀「課文賞析」；

3. 題解作者知曉：知道全文意略之後，進一步認識作品源由（題解）與作者介紹；

4. 課文深究討論：以「問題討論」及不同層次提問引導學生理解與深究課文內容；

5. 語文視窗應用：由「語文小視窗」補充相應之語文知識，並透過「應用練習」展現學習成果。

6. 課外閱讀補充：透過教材提供之「課外學習指引」，讓學生表達其比較閱讀之心得與想法。

本文由Rosenblatt的讀者反應論作為教學模式論述的基礎，再聚焦思考十二年國教國語文領綱古典詩文的教學目標，尤其是不同學習階段其工具性、文學性與文化性內容的學習比重調整與平衡，進而提出中小學古典詩文的教學設計思考，希望能對於中小學語文教師面對古典詩文時有一些提醒與參考。回顧前述，小學的古典詩文是「很高興遇見你」；中學則是「進一步交朋友」，教師若能將教學目標明確掌握，當可在進行古典詩文教學時，「雖不中，亦不遠矣！」畢竟，古今文字雖經遞嬗，然而引導學生體會與感受今昔的差異，即是一種文學的況味；而文化的學習亦可隨之積沉，默化學生成為具有語文素養的現代公民！

# 古典詩文教材分析：以北師大版為例

　　依Chambliss與Calfee於1998年所出版的《Textbooks for Learning: Nurturing Children's Minds》[1]這本書，其第一章即開宗明義指出——「今日的教科書，明日的心靈」。顯然，在國民義務教育階段的教科書，對專注學習各學科知識能力的學生而言，乃至於大部分的教學者而言，有著直接而深刻的影響。

　　國小語文教科書在華人世界至少承擔三項使命——工具性、文學性與文化性。當國語文作為該社會人際互動的主要媒介時，國語文教科書即是引導學習者適應該社會的重要工具，無論是學習階段或未來就業皆是必要的基本能力之一；其次，文學可以陶冶人性、啟發思路，國語文教科書之文學指引，可提升學習者之人文精神與藝術理路；最後，文字語言同時也是文化重要的載體之一，透過國語文教科書或可讓學習者同時領悟文化的內涵。於是，國語文教科書內容之編輯與選擇，即可展現內容設計團隊如何看待語文的多項特質，孰輕孰重，教科書內容取捨之間，也影響了教學者與學習者直接獲得的語文學習內容與資訊[2]。

　　本文所指之「北師大版語文教材」，乃指由北京師範大學出版社經〈全國中小學教材審定委員會2003年初審通過〉之「義務教育課程標準實驗教科書」，於2014年至2017年間印製出版的語文課本。北師大版語文教材在中國大陸雖然不是市占率最高的語文教科書版本，但其內容評價一直很高，尤其一些大都會地區如北京、上海、深圳、成都等城市，不少學校採用其教材，相關介紹可詳見其官方網站[3]。

---

1. Chambliss, M. J., & Calfee, R. C. (1998). Textbook for learning: Nurturing childrens minds . Malden, MA: Blackewll.

2. 許育健：〈國小本國語文教科書設計歷程之現況與省思：以臺灣、中國、香港、新加坡為例〉，《課程與教學季刊》19卷第1期（2016），頁59-84。

3. 參見http://www.bnup.com/

語文教育的良善施行，乃由語文教材、語文教法與語文評量三個構面的良好搭配與適切實施而成。其中，語文教材為師生互動過程中最重要的媒介之一，尤其語文課本內容乃經由官方審定機制所認可，其重要性與意義性不言自明。筆者在撰寫本文之前，曾檢索臺灣期刊論文索引系統與博碩士論文索引系統，無論以「北師大版」或「古典詩文教材」等關鍵詞，皆無任何篇章發表，顯示此主題值得探究；再者，本文基於「他山之石，可以攻錯」的研究旨趣，擇取北京師範大學出版社於2014年至2017年間出版之小學《語文》教材計十二冊，進行一至六年級古典詩文教材內容之縱向分析研究，以探求其教材設計之序列性重點，研究結果或可提供臺灣國語教材之古典詩文編寫設計，或學校教師古典詩文教學之參考。

## 中國大陸語文課程標準 ▶▶▶

由於本文以北京師範大學出版社所出版的小學語文教材為研究對象，其編寫乃以中國教育部於2011年頒布的《全日制義務教育語文課程標準》為主要依據，因此以下乃摘取課程標準中與古典詩文較為相關者梳理之。

其課程標準所列的語文學習目標指出「語文應注重引導學生多讀書、多積累，重視語言文字運用的實踐，在實踐中領悟文化內涵和語文應用規律。」頗具當前所泛論的素養導向之相關內涵。

綜觀課程標準的內容，筆者發現與古典詩文相關之敘述皆在「閱讀」能力之項下，以下分年段探討之。

第一學段（即低年段，一至二年級）的學習目標為：「誦讀兒歌、兒童詩和淺近的古詩，展開想像，獲得初步的情感體驗，感受語言的優美」，以及「積累自己喜歡的成語和格言警句。背誦優秀詩文[4]50篇（段）。」可知低年段著重於詩文的誦讀、想像與初步的情感感受，並要求學生積累背誦優秀詩文。

---

4. 優秀詩文包括現代詩、童詩、兒歌、佳句、古典詩文等。

到了第二學段（中年段，三至四年級）即要求：「誦讀優秀詩文，注意在誦讀過程中體驗情感，展開想像，領悟詩文大意」，及「積累課文中的優美詞語、精彩句段，以及在課外閱讀和生活中獲得的語言材料。背誦優秀詩文50篇（段）。」較之低年段進一步要求領悟大意。

　　在第三學段（高年段，五至六年級）其目標即為：「閱讀詩歌，大體把握詩意，想像詩歌描述的情境，體會作品的情感。受到優秀作品的感染和激勵，嚮往和追求美好的理想」，及「誦讀優秀詩文，注意通過語調、韻律、節奏等，體味作品的內容和情感。背誦優秀詩文60篇（段）。」與前二階段比較，要求學生能對於詩文的情境與情感有所體悟，甚至可激發自己對美好未來的理想。由此三年段之學習目標可知其對古詩文的期待，有序列且進階的要求。

　　然而，檢閱課程標準的內容，在教學建議方面，並沒有特別提到古典詩文的具體指導方式，惟於「閱讀」教學項下提出：「有些詩文應要求學生誦讀，以利於豐富積累、增強體驗，培養語感。」至於課程標準的最後一大項——關於評量建議，特別指出：「應評價學生閱讀古代詩詞和淺易文言文，重點考察學生的記誦積累，考察他們能否憑藉注釋和工具書理解詩文大意。而詞法、句法等方面的概念不作為考試內容。」可見評量時會要求學生默書相關古詩文，也會評估其透過注釋與工具書的古詩文閱讀理解能力，但不會著重在詞法與句法。此點與前述臺灣的課程綱要有相同的理念，只是臺灣語文課綱不會特別要求學生大量的記憶與背誦。

　　最後值得一提的是，在中國大陸《全日制義務教育語文課程標準》的附錄中，特別說明與表列了〈附錄1關於優秀詩文背誦推薦篇目的建議〉，內容如下：

　　要求學生背誦古今優秀詩文，包括中國古代、現當代和外國優秀詩文，具體篇目可由教科書編者和任課教師推薦，這裡僅推薦古詩文135篇

（段）。其中1～6年級75篇，7～9年級61篇。1～6年級的背誦篇目都是詩歌；7～9年級的篇目，除詩歌外，也選入了一些短篇散文。這些詩文主要供學生讀讀背背，增加積累，在教科書中可作不同的安排，不必都編成課文。

可見其課程標準對學生語文累積與教科書編排上的提示，相當明確。小學語文相關內容可參見本文之附錄一。

## 北師大版語文教材簡介 ▶▶▶

### 編輯理念與特色

北師大版語文教材乃由北京師範大學出版編寫委員會所編撰而成。依其〈後記〉[5]所陳述之編寫要旨如下：

《新世紀義務教育課程標準實驗教科書》集中了眾多國家基礎教育課程標準研製組負責人或核心成員、學科專家、教育專家、心理學專家和特級教師參加編寫，力求反應國家教育課程標準，重視多種信息資源手段的利用，適應體現最新的學科進展，強調知識、技能在實際生活中的應用，貼近學生生活，關注學生的學習過程，促進每一個學生的全面發展，有利於培養多樣化的學習方式。

由此可知其成員不僅由語文學科專家所組成，更包含其他相關領域專家，甚至實務現場之特級教師亦參與其中，對學生語文學習的關注，也特別著重於生活中全面性與多樣性的開展。

### 教材組成與結構

北師大版語文教材各冊皆採「主題單元」的編排方式，每個單元大致由主體課文、拓展閱讀課文和一個「語文天地」（語文練習活動）構成。以下為各冊綜合分析結果說明。

---

5. 北京師範大學出版社：六年級《語文》（北京：北京師範大學出版社，2014，頁124）。

主體課文後面有生字表、思考題，另附有「小資料」、「我的視角」、「我的摘錄筆記」等相關補充資料之欄目。拓展閱讀課文後面有「提示與建議」，輔助學生在閱讀策略與方法的提示。最後的語文天地則包括「日積月累」、「綜合活動」、「金鑰匙」和「單元小結」等語文之聽、說、讀、寫綜合練習等欄目內容。

每冊語文教材的課文皆有八個「單元主題」，以六年級下冊為例，單元主題名稱分別為：樂趣、遺跡、英雄、生命、衝突、科學精神、珍惜、告別童年。每單元都有數篇課文，這些課文還有不同的要求，在其課本之目錄下方，即有如下的說明[6]：

注：題目下畫＿＿＿的課文要求背誦，畫＿＿＿的課文選擇段落背誦。
課文後的生字表，有拼音的要求會認，沒有拼音的要求會寫。

以第1單元「樂趣」為例，即有〈養花〉、〈古詩二首〉、〈山中雜記〉三篇主體課文；另有〈爸爸帶我去爬樹〉、〈美猴王〉等兩篇拓展閱讀課文，其後即是語文天地。

〈古詩二首〉是宋代范成大的〈四時田園雜興〉，除了兩首詩的本文外，另外右側的「小資料」（作者與作品介紹），以及「我的視角」（虛擬人物多多與丁丁的對話，呈現出不同的理解角度）和「我的摘錄筆記」（要求學生練習摘記重點）。

其後的語文天地則編有「日積月累」（讀一讀，名言佳句）、綜合活動（生活的觀察與閱讀的分享活動）、金鑰匙（獨立閱讀的指導）及單元小結（自評與他評）。

## 各年段教材與教學重點分析

### ▶ 低年段

北師大版語文教材第一冊，與臺灣國語教材的編寫理念不太相同。在

---

6. 同前註。

臺灣的康軒版、翰林版及南一版三大版本，在第一冊之前，皆有國語《首冊》十個單元，內容皆是由注音符號所編寫而成，目前即是學習注音符號的認念、拼讀與書寫，以及相關語文應用。但北師大版語文教材沒有《首冊》，而是讓剛入學的新生直接認學簡易的中文字，其後再慢慢的學習漢語拼音。而且，為了展現語文的多樣性，在第一冊即出現在古典語文的學習內容。

**1 輔助識字**

一開始在第3單元出現的古典語文，即是宋代邵雍的〈山村〉：一去二三里／煙村四五家／亭台六七座／八九十枝花；其目的很顯然不是為了理解古典語文的意涵，而是中文數字「一二三四五六七八九十」的識字學習。但因為古詩文成韻，所以學生必能朗朗上口，背好課文，也把生字學好。所以第一篇是為了「輔助識字」。

**2 覺知音韻**

第一冊第8單元出現了第二篇古典詩文，是唐代駱賓王的〈詠鵝〉：鵝鵝鵝／曲項向天歌／白毛浮綠水／紅掌撥清波。與上一首詩比較，不同的是這首詩的每個字上方都標示了「漢語拼音」，而且部分韻母還套上了紅色，表示練習的重點。可見此篇課文的重點，除了朗讀之外，字音的覺知與音韻的感受，乃是本課的學習重點之一。同樣的設計也在第一冊第9單元的明代唐寅的〈畫雞〉，及第10單元唐代王之渙的〈登鸛雀樓〉。

**3 呼應主題**

第一冊的第14單元，單元主題為「勞動」。第一篇課文即安排了唐代李紳的〈鋤禾〉：鋤禾日當午／汗滴禾下土／誰知盤中 ／粒粒皆辛苦。其後，緊接一篇〈小母雞種稻子〉的故事，也是同樣呼應了主題。至此，古典詩文開始呈現其主題性的探討。其他如第二冊第13單元「時間」搭配了漢樂府的〈長歌行〉；第四冊第7單元「遠行」搭配李白的〈早發白帝城〉皆是呼應主題的詩文。

④ **誦讀記憶**

前述內容曾提及，每一單元皆設計有「語文天地」供學生進行各式各樣的語文練習。在北師大版語文教材中，除了一些指定課文篇章需要讀背之外，語文天地也經常要求學生記背古典詩文。如第一冊第15單元即有「讀一讀、背一背」的語文活動——宋代王安石之〈梅花〉：牆角數枝梅／凌寒獨自開／遙知不是雪／為有暗香來。同樣在低年段尚有：唐代杜甫的〈春夜喜雨〉、唐代李白的〈贈汪倫〉等10篇被要求記誦的古詩文。

⑤ **連結想像**

第二冊第3單元的語文天地是唐代孟浩然的〈春曉〉：春眠不覺曉／處處聞啼鳥／夜來風雨聲／花落知多少；此詩下方有個小提示：「一邊閱讀，一邊想像，讀起課文來特別有意思。」強調閱讀詩文時，應連結自己的想像，將可更理解古詩文的意思。

⑥ **觀察理解**

第三冊第1課的語文天地有一首唐代杜牧的〈山行〉：遠上寒山石徑斜／白雲生處有人家／停車坐愛楓林晚／霜葉紅於二月花。其下提示學生要仔細觀察詩歌旁的插圖，以取得更多的理解。這也算是具體的閱讀理解策略指引之一。

⑦ **識字策略**

第四冊第3單元主題為「學識字」，於是該課的語文天地選了一篇張志和的〈漁歌子〉：西塞山前白鷺飛／桃花流水鱖魚肥／青箬笠／綠蓑衣／斜風細雨不須歸——此詩除了要求背記之外，亦於其下的對話框標示了：「不要查字典，猜猜『塞、鷺、箬、笠』的讀音。」於此提示學生遇到生難字詞，不必急於查字辭典，可先依部件進行讀音的猜測，此乃識字學習的具體引導策略之一。

由低年段的四冊語文教材分析可知，在二十餘篇的古詩文之中，其教學重點除了指導學生誦讀與記憶外，尚包含透過古詩文以輔助識字、覺知音韻、呼應主題、誦讀記憶、連結想像、觀察理解、識字策略等。

▶ 中年段

　　北師大版國語教材自第五冊開始，依然在許多單元中，或以主體課文或以語文天地的「讀一讀、記一記」呈現古典詩文的內容。就中年段而言，幾乎每兩個單元，即安排一至二首古典詩文供學生記背。以三年級的第五冊與第六冊為例，即有〈贈花卿〉（唐）杜甫；〈竹里館〉（唐）王維〔2篇〕；〈望天門山〉（唐）李白；〈敕勒歌〉北朝民歌〔2篇〕；〈鳥〉（唐）白居易；〈望洞庭〉（唐）劉禹錫；〈遊子吟〉（唐）孟郊；〈鄉村四月〉（宋）翁卷；〈觀書有感〉（宋）朱熹；〈石灰吟〉（明）于謙等古詩文。至四年級的第七冊與第八冊，則有〈九月九日憶山東兄弟〉（唐）王維；〈書湖陰先生壁〉（宋）王安石；〈西江月〉（宋）辛棄疾；〈琵琶行〉（唐）白居易；〈涼州詞〉（唐）王翰；〈江雪〉（唐）柳宗元。另有墨子、朱柏廬、丘遲、荀子、劉備的〈格言〉數則供學生理解與背誦。總計有26則古典詩文。以下針對中年段較具明顯教學重點的古典詩文例舉說明之。

① 閱讀連結

　　第五冊第3單元為「祖國」，除了主體課文之外，其語文天地的「讀一讀、背一背」分別列出了以下的詩文：

天下興亡，匹夫有責。

風聲、雨聲、讀書聲，聲聲入耳
家事、國事、天下事，事事關心

示兒／（宋）陸游

死去元知萬事空，
但悲不見九州同。
王師北定中原日，
家祭無忘告乃翁。

上面二句與陸游的詩產生了閱讀連結的關係。提示教師應引導學生從單元主題「祖國」以及這些相關語句，與陸游的這首詩表達的情懷進行比較與賞析。因此，此設計呈現了教材的主題，並經由相關詩文與之連結對應，此乃是比較閱讀的策略之一。

② 呼應主題

　　第五冊第12單元主題為「過年」，其主體課文為王安石的〈元日〉：爆竹聲中一歲除／春風送暖入屠蘇／千門萬戶曈曈日／總把新桃換舊符；其後為一篇記敘文〈老北京的春節〉。此乃延續低年段以古典詩文「呼應主題」的設計方式，再次於中年段多次復見，以提升學生對古典詩文主題的掌握能力。

③ 細節提取

　　在北師大版的語文教材中，中年段開始以「古詩二首」的編排方式呈現詩文的學習。第一篇為第六冊第2單元的「春天的腳步」，分別是杜甫的〈絕句〉：遲日江山麗／春風花草香／泥融飛燕子／沙暖睡鴛鴦；與清代高鼎的〈村居〉：草長鶯飛二月天／拂堤楊柳醉春煙／兒童散學歸來早／忙趁東風放紙鳶。

　　在這兩首詩及其插圖之後，教材上呈現了一個提問：「詩裡描寫了哪些景物？你見過哪些？你還知道哪些描寫景物的詩？」由此提示學生應理解詩文中的景物細節，並與自己的經驗連結。最後，讓學生回顧自己曾背記的詩文中，有哪幾首與春天相關。此設計可讓學生回顧過去的學習，並作為異同比較之用。

④ 比較異同

　　四年級的第七冊第2單元的「明月」，也是古詩二首的設計。分別是王維的〈鳥鳴澗〉：人閒桂花落／夜靜春山空／月出驚山鳥／時鳴春澗中；與白居易的〈暮江吟〉：一道殘陽鋪水中／半江瑟瑟半江紅／可憐九月初三夜／露似真珠月似弓。同樣的，在其詩文與插圖之下，提示了：

「用自己的話描述兩首詩描寫的情景。」讓學生可透過比較閱讀，說明自己對詩中情景的狀況。

　　同樣的，在第八冊第3單元的「花」，其詩二首為杜甫的〈江畔獨步尋花〉與宋代葉紹翁的〈遊園不值〉，其提問更進一步的指出：「兩首詩都用花描繪了春天的景色，體會他們的異同。」則是具體的要求學生進行兩首詩在內容上或形式上的異同比較。

⑤ 今古對譯

　　就古典詩文教材的選編設計而言，第八冊的第11單元「快與慢」，是具有特殊意義的關鍵課文──出現了第一篇文言文〈欲速則不達〉。然而，其設計很富巧思，開頭以「白話散文」記敘了這齊景公的這段故事，接著編排兩行生字。再接了兩個閱讀理解的提問：「齊景公能很快的趕回都城嗎？為什麼？」／「對照課文讀一讀」。原來，在本文的下方，呈現了一段「文言文」，讓學生能先理解白話文的故事內容，再以文言文的形式列於其下，供學生對應文白的差異。此設計乃以「今古對譯」的方式，提供學生以較無理解負擔的方式與文言文第一次的接觸。希望藉此讓學生對文言文不至於因理解困難，而產生學習的難點。

　　綜觀中年段的古典詩文設計，除了延續低年段的諸多設計外，可看見如閱讀連結、細節提取、比較異同、今古對譯等皆是此年段進階的學習重點。

▶ 高年段

　　北師大版高年段國語教材自第九冊開始，依然在許多單元中，以古詩二首的形式或文言散文作為主體課文，或以語文天地的「讀一讀、記一記」呈現古典詩文的內容，基本呈現方式未變。只是在主體課文的古詩文旁，會增加一些如前述的「小資料」、「我的視角」及「我的摘錄筆記」等補充或延伸內容。

　　就高年段而言，也是幾乎每兩個單元，即安排一至二首古典詩文供學

生記背。以五年級的第九冊為例，即有劉禹錫〈烏衣巷〉、白居易〈浪淘沙〉、王維〈鹿柴〉、李商隱〈樂遊原〉、陸游〈冬夜讀書示子聿〉、蘇軾〈冬景〉等。總計有32則古典詩文。以下針對高年段較具明顯教學重點的古典詩文例舉說明之。

**1 古今對譯**

承前所述，在中年段的第八冊第11單元「快與慢」出現了第一篇文言文〈欲速則不達〉，該設計方式為先今文、後古文的「今古對譯」理解方式。為了延續對文言文的理解，在高年段第九冊第2單元「奇觀」的主體課文〈浙江潮〉即調整為「古今對譯」的設計方式。上文為周密的〈浙江之潮〉文言文，其下一張插圖，其後再接上白話的語譯。讓學生開始熟悉先讀古文，再讀語譯的理解方式。

此外，其文後出示一則小提示：「學習古文，要大聲朗讀。要讀熟，最好背誦下來。」，讓學生知道學習古文的方法。

**2 理解策略**

在第九冊第6單元「方法」的主體課文是「寓言二則」，分別是呂氏春秋的〈刻舟求劍〉及韓非子的〈鄭人買履〉。其課文設計皆為上為文言之原文，下為白話之譯文，並於譯文之後，以小提示說明：「學習古文，要一邊讀一邊對照譯文了解整個故事，不必一字一句的直譯。」，明白的指導學生古典詩文的閱讀理解策略──古今對讀、整體理解。

**3 想像擴寫**

同樣在第九冊第6單元「寓言二則」，在韓非子〈鄭人買履〉這篇古文的後面，除了羅列一道閱讀理解的題目──「買履的鄭人為什麼買不到履？」，其後也提供了相關的讀寫活動：「選擇一則寓言，加上自己的想像，把它寫得具體生動。」這是北師大版語文教材第一次出現結合古典詩文進行故事的改寫（改為白話文）及擴寫（加上自己的想像），令人印象特別深刻。

**④ 古今字義**

　　第十冊第1單元是一篇〈葉公好龍〉的古文，其版面由上而下的安排爲：古文／譯文（旁有插圖）／兩則要求與提醒（1.須背誦；2.生活中的聯想）。在右下角有個文字框，框內文字爲「有些字的字義，古代與現代有很大的不同。如『走』在古代是跑的意思，『寫』在古代是『畫』的意思。」此則提示，讓學生明白古今字詞上的變異情形，未來在相關閱讀理解時，即可加以注意區辨。

**⑤ 體會情感**

　　古典詩文的理解，一方面是表面文字的解讀，另一方面是深層情感或觀點的體悟。北師大版語文教材到了五年級，在古典詩文的學習提示方向，明顯的增加了對詩文情境或作者心情的體會。如第十冊第5單元的古詩二首：李白的〈秋浦歌〉與羅隱的〈蜂〉，其後除要求學生須背誦之外，亦提醒應「體會這兩首詩描寫的不同情境與作者的不同感情。」顯然在此教師需要透過討論或說明來進一步引領學生進行詩文深層的世界。類似內容也出現在第十冊第9課李商隱的〈夜雨寄北〉與張繼的〈楓橋夜泊〉，皆要求學生能體會並比較不同作者的情感有什麼不同。

**⑥ 文意表演**

　　依前述之分析可知，當教師引領學生理解了古典詩文的內容，想要進一步拓展其理解，可以讓學生口說其感受或看法，也可以透過讀寫結合的方式，將文言譯爲白話文，更進一步進行想像擴寫。在第十一冊所選錄的孟子〈學奕〉這篇文言文，其後的學習提示爲——「用適當的成語評價這兩個人；請表演本篇文章的內容」於此讓學生可以將所理解的內容，以戲劇表演的方式呈現，這也是語文活用的重要方式之一。

　　綜上所述，北師大版高年段古典語文的教材的特色，尚有古今對譯、理解策略、想像擴寫、古今字義、體會情感、文意表演等六項，可顯見在不同年段，對學生古典語文理解能力有更進階的要求與期待。

▶ 小結

　　本文基於小學語文教材內容分析的研究旨趣，擇定北京師範大學出版社於近4年間出版之小學《語文》教材共十二冊，進行了一至六年級，分三年段的古典詩文教材之縱向內容分析研究，探求不同年段間教材設計之序列性重點。

　　整體而言，大致符合前述《全日制義務教育語文課程標準》古詩文教材的學習目標，以誦讀、記背累積為各年段的基本要求。然而在不同年段的古詩文教材中，無論在主體課文或語文天地的位置，會適時給予學生一些提問或提示，依這些提示，本文歸納其重點如下圖18：

圖 18　北師大版語文教材古典詩文教學重點序列

　　由上圖可知，低年段古典詩文的教學重點，從配合識字教學的覺知音韻、輔助識字、識字策略，到對詩文的誦讀記憶，至於以古典詩文呼應主題、連結想像、觀察理解等序列性的要求。到了中年段，則進一步提示相關詩文的閱讀相關連結、二首古典詩文的細節提取比較、同主題但不同內容的比較、以今古對譯引領文言文的學習入門等，亦見其不同的重點。接續中年級的能力要求，高年段轉為古今對譯、理解策略的提示、透過詩文進行想像擴寫、古今字義的區辨，乃至於體會詩文情感，或理解文意後的

表演等。顯見在不同年段，北師大版語文教材對學生古典詩文理解能力有序列進階的要求與期待。

　　希冀此研究結果對臺灣各版本中小學國語教科書之編寫，或學校教師古典詩文教學具有參考作用，以他山之石，取其良善，進而提升國語教材與教法之品質。

## 【遇見‧語文素養】 關於文白比例

前些日子（其實是一直以來），諸多專家學者對十二年國教國語文領綱高中國文的「文言文和白話文比例」有許多的討論。

身為語文教育的教學與研究者，我想說的是，語文教育的本質是讓學生具備聽、說、讀、寫等基本的理解與表達能力，並能於各式生活情境中適切表現。

從小學到中學的目標都應該如此，無可置疑。

語文教育其實包含了三個面向的學習：語文工具、文學賞析、文化理解。若聚焦於「文言文」（其實應該稱古典語文），在語文教育的角色功能，其主要的學習意義即落在於「文學」與「文化」，而不在於語文工具使用能力（誰會用文言文來交流對談？）。

再者，以高中語文教育目標的位階而言，應該是讓學生能在良好的語文基本能力之上，進一步透過文學與文化來理解語文的多元表現方式與內涵。

現今的問題就在於，如果學生到高中都未能具有基本的語文能力，何論文言文的學習？（是的，路都沒走好，為何要教如何跑得快？）

但，如果，學生已經具有基本的語文能力，為何不讓學生學習文言文，感受過去精緻的語文之美，以及其飽含的文化內涵？

所以，我認為，有些討論，放錯重點了。

關鍵在於：為何要在規範基本知能的「課綱」中，指明「文白比例」，甚至是「建議數量與篇目」？這不能交給各家版本國文教科書設計者來決定嗎？我們的教科書政策，不是多元開放的嗎？

為何要由少數課綱委員決定（綁死）教材內容的設計呢？

試舉一例，香港的中國牛津出版社是語文教科書的出版公司之一；該公司為了符應不同學校的需求，可以同步出版兩套語文教材，一套以傳統語文為主，一套以現代語文為主，供不同學校依其學生的狀況與需求而選用。

這不正是教科書為何要「多元開放」的初衷嗎？

因此，我認為，課綱不須規範文白比例及篇章，應交由專業的教科書設計者依不同需求而設計，供市場自由選擇所需的教材。

臺灣的語文教育不應落在意識型態，乃至於政治性的探討，我們應該看看現在孩子的需要，想想臺灣可能的未來。

# 09

## 語文教學遇見教育科技

本章概分為智慧閱讀與智慧語文二節，探討語文教學與教育科技之關係，及其整合應用形成的教學模式。

 # 智慧閱讀：e世代的閱讀教學模式

　　回想一下，好久好久以前（或現在）你印象中的國文課或國語課，是什麼樣的景況？老師在黑板上振筆疾書，隨之滔滔不絕地講述，或有學生朗朗讀書，點頭吟哦、誦讀課本文句。如果是這般樣貌，那這百年來，語文教學應該都沒什麼改變吧！

　　為何沒有改變呢？或許，老師認為不需要改變；或許，老師不知道這世界已經改變了。難道，我們真的要用過去（十年或二十年前）學習的教法，來教導未來十年或二十年後的世界公民嗎？以下就讓我們先從2016年公布的ePIRLS國際閱讀素養檢測結果談起。

## 2016 ePIRLS給我們的啟示 ▶▶▶

　　什麼是ePIRLS？鑑於資訊科技設備（桌上型電腦、手機、PAD平板等）已成為人們取得各項訊息及人際溝通的主要工具之一，諸如英國、芬蘭、香港、俄羅斯、新加坡、美國等許多國家，皆積極重視發展「線上閱讀能力」（online reading competencies）的課程數位閱讀（digital reading）；換言之，「數位閱讀」已成為學生學習閱讀（learn to read）或閱讀學習（read to learn）的重要管道之一，不得不重視。因此，PIRLS 2016的檢測範圍延伸至評量數位閱讀能力，此評量稱為ePIRLS（extension of PIRLS）。

　　臺灣此次PIRLS 2016在全球50個參與的國家地區中排名第8名，其實

還算不錯。然而，ePIRLS 則在14個國家中排名第7名；亦即，臺灣孩子的紙本閱讀成績位居前15%，但數位閱讀成績則在中段。依臺灣PIRLS施測計畫的主持人柯華葳教授的分析，可能的原因是臺灣學生使用電腦和手機進行學習的比率太低，以致於不習慣應用科技輔助學習。進一步而言，在ePIRLS的檢測情境中，學生不僅要操作電腦畫面回答數位形式呈現的問題，更重要的是，必須能運用閱讀素養的相關能力，包括：提取訊息、推論訊息、詮釋整合、比較評估這些數位形式的文本內容和各式各樣的元素，如超連結、非線性材料、照片、圖畫、影像、動畫等。

透過這次ePIRLS的檢測結果，顯然我們必須嚴肅的看待孩子們未來數位閱讀能力應如何提升的這個議題。尤其，在大部分的校園中，學生自己習慣使用的科技工具，如筆記型電腦、手機、平板等，是被禁止在課堂中使用的。學校只有少數課堂，如資訊課，才允許學生在老師的督導下有限的使用，或者某些以資訊融入教學為主要特色的學校，才比較常見這些資訊科技應用於課堂學習之中。但環顧孩子們的生活現況，科技工具早已是生活的必需品，更無論未來他們工作就業的環境必定充斥著這些被學校拒於門外的科技。既然如此，我們為何不思考如何善用教育科技來提升學生的學習效果與興趣呢？於是，就發展出了智慧閱讀教學模式。

## e世代的語文教學模式：智慧閱讀 ▶▶▶

語文教學與教育科技的關係，相對於其他學科領域，一直是比較「遙遠」的。大部分的老師認為，語文教學不就是聽、說、讀、寫反覆的練習，或者文學賞析、文化知識的闡述罷了，跟教育科技無關，咱們井水不犯河水，保持距離較佳。然而，時至今日，大部分的教室都多了一些「新朋友」，比如個人電腦、投影機、投影布幕；或者更好一些，有了內嵌式的互動式電子白板（Interactive White Board, IWB）、大型觸控式屏幕(Touch Screens)，甚至有了學生用的即時反饋系統（Instant Response

System, IRS）、平板電腦（PAD），當然老師也有隨身攜帶的科技工具
——行動電話（mobile phone）。當諸如此類的科技產品存在於語文課堂
之中，我們能視若無睹嗎？或者，更積極的思考，「他們」可以在語文教
學中，扮演什麼角色，讓教學更輕鬆、學習更有效？

　　在2011年，筆者第一次接觸到互動式電子白板與即時反饋器（長得類
似家中的電視遙控器，但按鍵只有15個左右），即持著「不妨一試」的心
態，在既有的「閱讀理解問思教學模式」（可參閱拙作《高效閱讀》）基
礎之上，加上分組合作學習的理念與作法，嘗試以Hi-Teach教學軟體，整
合IWB、IRS與Pad三項教育科技工具，經過近一年的課堂試煉下，終於建
構了「智慧閱讀」的互動多媒體語文教學模式。

　　「智慧閱讀」（SMART Reading）乃指基於學生中心（Student center,
S）的教育理念，以閱讀問思教學的模組（Modules of Reading Question-
Thinking teaching, M）為基礎，建構學生自主學習的能力（Autonomous
learning, A）為目標，透過分組合作學習（cooperative learning, R）與教育
科技系統（Technology of Education, T），形成彈性適切之閱讀教學模式，
期以提升學生各項基本閱讀理解能力（如圖19）。詳細的教學實施方式，
可參見拙作《智慧閱讀》。

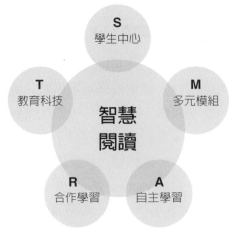

圖19　智慧閱讀SMART Reading概念圖

如果要回答，爲何要發展「智慧閱讀」，這對現場的語文教學或閱讀教學有何重要性？簡要的說，透過閱讀問思、合作學習與教育科技的整合應用，即可「看見孩子的理解與思考」；因爲在傳統的課堂，很難立即且直觀的掌握學生的學習狀況，尤其是學生的個人閱讀理解狀況。若能即時掌握學情，教學即可隨機應變，提供學生最佳的教材或教法，這就是智慧閱讀最重要的核心價值！

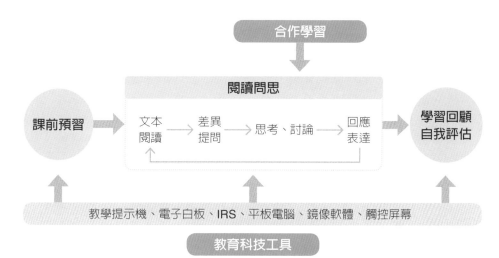

圖 20　智慧閱讀教學模式

# 【遇見‧語文素養】 老頭子做事總不會錯

　　某次開學前，在臺北市志清國小召開了一場日常，但不尋常的跨校會議。

　　這個會議由李校長主持，邀集了另外三所學校的校長，以及這個社群的各校核心教師，共同談論新的學年度如何進行跨校社群的研討，以及社群內的互相觀課等事宜。

　　這幾年，對於智慧閱讀教學／智慧語文教學的推展，筆者有幸在教育部精進師資經費的支援下，除了在師培課程中融入，以提升師資生多媒體語文教學的能力之外，也辦了多場的教師研習宣達觀念與作法，對於教師多媒體教學科技的應用，提出了一套完整的教學模式（可參見《智慧閱讀》一書），供教師教學調整的參考。

　　過去幾年，我在中國大陸的寧波、北京、成都等地建構了許多成功的實踐案例（學生閱讀興趣與能力明顯的提升）；而這次的會議，讓我看見這幾所學校，若堅持力行，也將會成功，成為臺灣閱讀教學的典範學校。

　　為什麼呢？

　　有沒有看過安徒生寫的一篇童話故事《老頭子做事總不會錯》？

　　故事大概是這樣：

　　住在鄉下一對生活清貧的老頭子和老太太，有一天突然想把家中的老馬去市集換點什麼，讓家中有食物可以吃。

　　出發前，老太太幫老頭子整理好圍巾，並對他說：「不管什麼事，你做的總不會錯的！」

於是，老頭子一路上，把馬換成了牛，再把牛換成羊，再把羊換成鵝，——最後換到了一袋爛蘋果。

　　在回家前，他遇到了兩個英國人，英國人跟他打賭，家中的老太太見了他，一定會打他一頓，和他大吵一架。老頭子說，不會啦，老太太不會怪我，並且會送上一個吻。英國人不相信，拿出賭金——滿桶的112個金幣；老頭子說，我只有一袋爛蘋果和老太太，還有我自己。成交，兩個英國人，跟著老頭子回家了。

　　回到家，老頭子一一詳述自己如何從馬換到雞，老太太也隨著每次交換的結果，回應她自己的想法（這段最是精采，建議仔細閱讀原文）。

　　最後，聽到最終是一袋爛蘋果時，老太太說：「現在我非得給你一個吻不可，謝謝你，我的好丈夫！現在我還是要告訴你：不管什麼事，你做的總不會錯的！」

　　這兩個英國人只好認輸把金幣都給了老頭子。

　　好，故事結束了，方才提問的答案也就浮現。

　　為何這些學校會成功？
　　因為從這次的會議過程中，
　　我感受到這些校長對整件事是「樂觀」、「信任」與「支持」。他們「樂觀」相信這件事會成功，能讓老師得到成就感，也提升學生的閱讀能力；他們也充分「信任」老師，給予老師們支持與鼓勵。他們會盡可能「參與」每次社群的研討，必定出席老師的公開課，他們是成功的教學領導者！

　　謝謝您們，我也相信您們，
　　「老頭子，做事總不會錯！」

# 智慧語文：SLIM教學模組設計

　　回顧教育部在1993年版的《國語課程標準》明白揭示：「國語科宜採用混合教學法，以讀書爲核心，與說、作、寫各項教學活動密切聯絡。」；其後在2008年版的九年一貫《國語文領域課程綱要》亦提及國語教學應「以閱讀教材爲核心，兼顧聆聽、說話、作文、識字與寫字等教材的聯絡教學，以符合混合教學的需要。」再者，在十二年國教國語文領綱之中，其「教學實施」一項，亦指出：應採取混合教學精神，緊密結合聆聽、閱讀、寫作等教學活動，應做到「聽中學說」、「讀中練說」，「寫中促說」，以期口頭語言、書面文字的學習得以均衡發展。綜此而言，長久以來，小學國語的主要教學取向爲「混合教學法」。

　　近年來，許多優秀教師皆示範或倡導了語文教學革新的模式（如問思教學、學思達或MAPS等），加諸各版本教科書的教師手冊亦主張應由文本趣味性、生活經驗切入，透過聆聽與口語表達（說話）引出學生閱讀經驗，讓學生感悟文章帶來的趣味，連結並概略理解文本主要內容。其後依序漸次以「隨文識詞」的原則指導識字語詞，並於內容深究過程中，對句、段內容進一步的探究：其後隨之以形式深究角度引導學生理解文本之組織架構或寫作技巧等語文工具性學習。最後，透過課後之語文統整練習及習作，鞏固與延伸語文知識內容（如下圖）。簡言之，混合教學法爲強調以聽、說、讀、寫多元能力整合，所建構而成之基本語文教學模式。

概覽主題　　隨文識詞　　內容深究　　形式深究　　統整練習

圖 21　混合教學模式

然而，面對今日數位資訊充斥的世界，語文教學的目標與方式是否依然不變呢？根據十二年國教國語文領綱，其基本理念指出語文教學旨在「理解本國語言文字，培養語文能力；經由閱讀、欣賞各類文本，開拓生活視野、關懷生命意義；再經由研讀各類經典，培養思辨反省能力，理解文明社會的基本價值，開展國際視野。」簡而言之，未來重要的語文教學目標即培養學生「多元文本識讀素養」，以理解語文，並透過語文理解世界。而多元文本識讀素養的內涵，則讓我們聯結到當今社會大眾主要閱讀內容與形式的變化──從過去以紙本書報為主的媒體，大量改以電腦螢幕、平板（PAD）、手機等載具呈現數位多媒體的各式訊息。再者，以學校而言，莫不積極改善教室的教學設備，其中，以增添互動式電子白板（IWB）或大型觸控屏幕、IRS反饋系統、學用平板、電子書及各式教學軟硬體設備為主要方向。亦即，數位多媒體融入語文教學的潮流，已漸趨成形，甚至將成為主流。身為語文教師，不得不正視此趨勢，必須適切應用數位多媒體於語文教學之中，以展現更佳的教學與學習效能。

　　當數位多媒體的多樣性文本（文字、圖片、動畫、影音等）以及相關軟硬體進入了語文教學的課堂之中，原有的國語混合教學模式，勢必要調整與因應。舉例而言，過去的「識字教學」總是由教師一筆一畫，以書空或字形辨析的方式進行；時至今日，許多學生都能使用家裡或學校的電腦、平板或手機連上網際網路，透過關鍵字「筆順學習」，即可連結到教育部的〈常用國字標準字體筆順學習網〉（http://stroke-order.learningweb.moe.edu.tw/home.do），學生即可在「課前」自行進行筆畫筆順的學習。待至課堂之中，教師就不必一筆一順的教學，而是以IRS即問即答或TBL小組合作討論等方式，直接針對學生遇到困難或易誤的生字進行研討，不僅可精簡教學時間，亦呈現出高效的學習成果。

　　若語文教學模式之改變有其必要，那麼該如何實現新世代的語文教學模式呢？基於筆者近三年承接教育部精進師資計畫之研究成果，將問思教

學、語文教學模組、合作學習等相關理論整合於中，為數位時代下的語文教學的新模式──SMART Language Instruction Model（簡稱SLIM）。其概念如下圖：

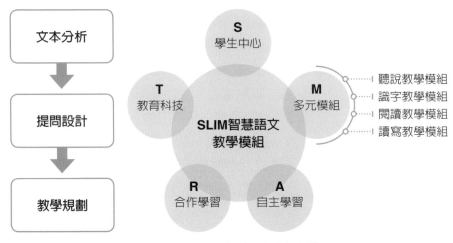

圖 22　SLIM智慧語文教學架構

## SLIM智慧語文教學模式 ▶▶▶

　　SLIM智慧語文教學模式乃基於語文教師的常見教學模式，應用「模組化教學」的設計，整合分組合作學習之作法，並搭配教育科技之輔助應用，進而衍展生成多元化的教學模組，諸如聽說教學模組、識字教學模組、閱讀教學模組，以及寫作教學模組，以供教學彈性變化之用。以一課五節完成教學為例，SLIM模組化教學主要流程如下：

圖 23　SLIM模組化教學程序

## 當語文遇見教育科技 ▶▶▶

模組化教學的特色在於教師可構思教學的主要程序，以三至五個活動，構成一節課的教學主軸；而這些程序亦可因應學生經驗能力之差異，視情況而調整其順序或內容。

為使語文教師能更理解教育科技如何輔助語文教學活動，筆者試擬一套五節課之語文教學模組如下，並附註列舉常見之教育科技應用，供教師教學參考。

表 4　SLIM智慧語文教學模組

| | 第一節 | 第二節 | 第三節 | 第四節 | 第五節 |
|---|---|---|---|---|---|
| 模組 | 聽說教學 | 識字教學 | 閱讀教學 | 寫作教學 | 統整延伸 |
| 教學模組內容 | 【概覽圖文】<br>1.經驗分享<br>2.看圖說話<br>3.朗讀課文<br>4.討論主題<br>5.概說全文 | 【隨文識詞】<br>1.朗讀全文<br>2.句段析詞<br>3.字詞識寫<br>4.識字策略<br>5.展延語句 | 【問思理解】<br>1.朗讀句段<br>2.段落大意<br>3.關鍵語句<br>4.提問思考<br>5.討論表達 | 【讀寫結合】<br>1.賞析分享<br>2.組織架構<br>3.語句分析<br>4.引導仿作<br>5.試寫分享 | 【讀寫結合】<br>1.賞析分享<br>2.組織架構<br>3.語句分析<br>4.引導仿作<br>5.試寫分享 |
| 教育科技之應用 | DIM, Digital instruction material：教師用或學生用之數位教材，含課文習作及其他補充教材。<br>IWB, Interactive whiteboard/Touch-Screens：互動式電子白板／大型觸控屏幕，可直接觸控畫面的物件，並附裝應用軟體，可用畫筆、繪圖、多媒體、計時器、挑選學生、小組計分等功能。<br>MPA, Mobile phone app：教師手機APP，可遠端操作電子白板教學軟體以掌控數位教材的呈現，也可以即時拍攝學生作答或討論的內容，即時遞送到電子白板，供全班討論。或以鏡像軟體將作品拍攝上傳至大型觸控屏幕。<br>IRS, Instant response system：即時反饋系統，分為硬體或軟體兩類。硬體類似小型電視遙控器，軟體則須以APP形式，安裝於學生的平板電腦或手機之中。可作為即時答題之用，也可作為搶權發言的工具。<br>Pad：學生用平板電腦，主要功能是讓學生可閱讀教師推送的指定材料，或進行題目的作答回應，或在教師的要求下，上傳圖片或拍攝下來的發表內容，作為討論後的發表。此外，也可利用網際網路進行相關資料的檢索。 |

以下說明此表所列之教育科技軟硬體設備如何輔助語文教學，使語文教學更具效益，學生學習更有效果。

### ❶ 數位教材DIM

目前各版本語文教科書皆提供數位化的電子教材供教師教學使用，教師也大多具有多媒體簡報設計或文字編輯排版的能力，可自行設計相關語文補充教材供學生學習之用。好處是可即時存取，傳播更為便利，也利於保存歸檔。大部分學校都設有教學資料庫供教師分享應用。

### ❷ 教學屏幕：電子白板IWB或觸控屏幕Touch-Screens

當數位化的語文教材備妥後，互動式電子白板或大型觸控屏幕，即可發揮其多樣化操作的功能。可以播放故事或朗讀的音訊檔，讓學生練習聆聽或口語表達，也可以呈現文字篇章，讓師生共同閱讀並畫記關鍵語句，或者讓學生上台寫字詞、造短語句子，由於「可儲存」的特性，學生尚可進行課後自主複習。此外，其附帶的計時器、挑選學生、小組計分、遮罩、聚光燈等功能，皆可提升課堂的互動性。

### ❸ 教師手機APP

透過教師手機APP搭載相關APP，可遠端操控教學內容，或即時拍攝學生學習單或短文習寫的內容，即時遞送到教學屏幕顯示，即可供全班討論與修正。

### ❹ 即時反饋系統IRS

在設計相關聆聽理解或閱讀理解的隨堂評量時，在教師要求下，學生利用IRS即時表達自己的意見或想法，對於教師掌握學生理解情形，具有

重要的意義。此外，IRS作爲搶權發言的工具，可增加課堂的主動性。

### ⑤ 學用平板電腦Pad

　　以往小組討論的結果只能寫在小白板或海報紙上，不方便也不經濟。善用學生的平板電腦，除了可讓學生即時閱讀教師推送的語文材料，或進行題目的作答回應，更可將討論結果拍攝下來，推遞到教學屏幕上，供各班發表討論。此外，也可上網進行相關語文資料的檢索，比如查閱線上電子辭典或觀看筆畫筆順動畫，供自學之用。

　　承上，教師若能善用教育科技輔助語文教學，它所帶來的高效、便利、即時，將可爲學生的語文學習提供更佳的學習環境，讓學習更有效果，除了符合這群「數位原住民」的學習習性，更有助於他們因應未來多變的科技世代。

## 【遇見・語文素養】 精準學習

　　近來有許多報導在討論AI人工智慧所帶來的「精準醫療」，這是一場劃時代的醫學革命。簡單的說，即透過「基因檢測」及「大數據」對於每個人的病況提出精準的「個別化」診療，甚至可以採取相關預防措施。

　　舉例而言，醫生對於新興案例的了解，通常是經過閱讀相關醫學期刊論文而吸取新知，進而調整更新其醫學知識與觀念。粗估來說，一位從業三十年的資深醫生，如果每天不間斷的閱讀二篇期刊論文，累積十年，大約是二萬篇文章。現在IBM公司開發的「華生」醫生系統，在十五秒內，即可搜尋五十萬筆醫學文獻，找出類似的案例供醫生參考，輔助醫生的判斷更為精準、有效。也因為人類基因在西元2000年時完成了定序，近年電腦運算速度又大幅提升，以前檢測一個人的基因需要三個月，未來可能只要三天，甚至更快！由於基因的確認，醫生在進行醫療時，將可更精準的為病人治療，包含施予的藥品及藥量，幾乎達到「量身定製」的水準，讓醫療更有其效益。

　　然而，「精準醫療」與「精準學習」有什麼關係？

　　這其實是一種觀念的類比，當然，我相信未來可能也會實現。例如以閱讀理解為例，孩子在閱讀之後，我們如何知道學生的理解程度，甚至對於其不同閱讀理解歷程（或構面）的分析，進而給予「每一位」學生閱讀理解情形「精準」的判讀，並提供相關閱讀與學習的建議。

　　如上類似的檢測，在國際上有PISA和PIRLS，但這兩者都是以「國際比較」為重點，不涉及個別參與國家（地區）的深入分

析；在臺灣，有國家教育研究院自2008年開始的臺灣學生學習成就評量資料庫（Taiwan Assessment of Student Achievement，簡稱TASA），TASA分為國語、英語、數學、自然、社會等五科，以國語為例，分別對小四、小六、國二、高二、職二，每三年為一輪進行檢測。其檢測結果可作為對「整體學生」長期學習變化的追蹤之用。然而，對於每一個孩子閱讀理解能力的「個別化精準」監控，在臺灣的正式學校教育之中，目前是付之闕如的（也許有少數學校在試驗中）。

　　未來，以大數據為孩子的學習把關，必然會成為教育科技發展的重要趨勢之一。目前，臺灣中小學的教育科技領導者（比如教育局相關主管、學校校長、教務主任或資訊組長）大多數都還沒能系統化的將大數據的教育應用列入發展重點。如果能利用教育科技設備記錄每一位學生每次上課前、上課中、上課後的學習狀況，以及隨堂評量與定期評量學習結果的即時統計與分析，將會為教師的教學設計與準備提供莫大的幫助，也許，「精準教學」的時代就會來臨，協助學生在課堂中或課後自主學習的「精準學習」，也是指日可待！

　　您認為呢？

# 10

## 結　論

「得其大者可以兼其小，未有學其小而能至其大者也。」這是宋代歐陽修在《易或問三首》中所言及的內容，也非常符合本書初撰時的心志。

在今日資訊流通與傳播便利的時代，在各式社群平台或網站論壇常可見教師分享自身教學心得或技巧，可謂百花盛開、眾聲喧嘩。然而，筆者從事語文教育研究與實務探究多年，總秉持「觀念先行，技法居後」的哲學，無論是引導師資生在語文教材教法的上學習，或者在各教師研習場合的經驗分享，理念始終如一。而此書亦欲體現此觀點，於是分成九章，依序梳理。

基於「得其大者」之由，第一章乃探究何謂語文素養，並對應十二年國教國語文課程綱要對語文素養的陳述，乃知語文素養是指：將語文學科知識轉化為生活情境中可實際應用的學習策略，並用之於語文相關的問題解決，以體現「語文為用」的核心目的。

第二章即由教材設計的思維為開端，談論何謂國語文新混合教學法，其後更進一步說明設計時的四項原則、三部曲，以及任務設計時提問設計的要領，還有跨領域的國語文教學活動設計思維。至此，應可建立素養導向國語文教學設計之觀念與原則。

自第三章起，即分別依國語文教學的六大主軸，探討聆聽與口語表達、標音符號與應用、識字與寫字、閱讀教學、寫作教學等學習表現的領綱內容、觀念、方法與原則，並於章末試舉中小學現行課文之教學活動設計為例，以提供現場教學實務之參考。

第八章乃針對小學高年級起，乃至於中學教材中漸占比例的古典詩文，由讀者反應理論及國語文領綱對古典詩文的期待與要求，分別提出小學與中學古典詩文的不同教學模式。其後，更以中國大陸北師大版之古典詩文教材分析，以「他山之石」之觀，作為教師教學時可參議之思考。

直至末章，乃呼應當今語文教學在教育科技積極發展下的潮流，分別提出智慧閱讀與智慧語文之教學模式，供教師在多媒體科技與語文教學交融時，能有具體可操作的提示作法。

誠如本書之標題所示 —— 聽，鯨在唱歌，國語文實如歌聲之流動，流動於文字、文本與文化之間，流動於各學習領域的學習內容，也流動於每位師生的生活周遭與生命經驗之間。願此書，能成為中小學教師在國語文教學的路上，可以相伴的好友。疏漏難免，亦請不吝為正，以是教學相長。

# 後記

## 付出的愛
## 終究會回來

某年的一月初，是大四最後一門必修「多媒體語文教學概論」的最後一節課。下課前，我謝謝學生們這學期的備課努力，讓我們到校試教，展現出優質的能力，備受肯定。

　　我說了一些話，鼓勵他們。因為，有些學生未來應該不會再上到我的課了。

　　中午時，與大五半年教育實習學生們的最後聚會，對於他們，更是不捨，這群學生，幾乎都是從大一開始上我的國音及說話，大三國語教材教法，大四多媒體語文教學及一整年的教學實習（至少十學分的必修），加上畢業後大五半年實習的指導老師，我看著他們，從青澀的大一新生，一路轉變成長，而今成為即將踏進教育界的準老師。

　　座談結束前，我也說了一些話。對這兩群學生，我說了同樣的兩句話。

　　「無論未來你人生選擇哪條路，

　　請為當下的每件事，盡最大的努力，

　　那，其實就是你對未來最大的慷慨。」

　　此外，

　　「不要為你當下做的某些事，沒有得到回報，感到可惜；

　　請你相信，你付出的愛，終究會回來，以某種你無可預知的形式。」

　　每年的這個時候，我的心都特別的軟弱。看著他們，總會想起二十年前初任教師的我，那心中的許多忐忑，對未來諸多的不確定，「我真的要當老師嗎？我的能力夠嗎？我的未來就只走這條路嗎？……」

　　或許，我一直到了很久很久以後，才理解到自己身為老師，追求的是什麼，答案也許是今天我對學生們說的「影響」吧，可能是知識上的影響，也可能是情感或態度上的影響，也可能只是默默陪學生走一段路的那個人。

　　是這樣嗎？其實，我無法肯定；

然而，即便只有的微弱月光，我還是會繼續會走下去，在那隱約泛光的小徑。

這本書，也獻給同樣在路上的您。

# 引用文獻資料

中國教育部（2011）。全日制義務教育語文課程標準。北京：北京師範大學出版社。

王秀梗（2008）。課綱微調下國語文領域閱讀能力之淺見。教育研究月刊，175，45-52。

王萬清（1997）。國語科教學理論與實際。臺北市：師大書苑。

王瓊珠、洪儷瑜、張郁雯、陳秀芬（2008）。一到九年級學生國字識字量發展，教育心理學報，39 (4)，555-568。

北京師範大學出版社（2014）。一至六年級《語文》。北京：作者。

卡爾（2015）。網路讓我們變笨？：數位科技正在改變我們的大腦、思考與閱讀行為（王年愷譯）。臺北市：貓頭鷹。

何三本（2002）。九年一貫語文教育理論與實際。臺北市：五南。

吳璧純、鄭淑慧、陳春秀（2017）。以學生學習為主軸的生活課程素養導向教學。教育研究月刊，275，50-63。

李　吟（1998）。認知教學：理論與策略（頁24）。臺北市：心理。

李岳霞（2013）。提問與討論：戒掉「皮毛式」閱讀，親子天下，50，152-155。

李慧馨（2012）。閱讀、解讀電視與傳播研究。教師天地，181，24-27。

谷瑞勉譯（2001）。教室中的維高斯基：仲介的讀寫教學與評量Vygotsky in the classroom: mediated literacy instruction and assessment。臺北市：心理。

周暐達（2008）。數位閱讀及其版權管理之探討。研考雙月刊，32（3），44-52。

岳修平譯（1998）。教學心理學 —— 學習的認知基礎The Cognitive Psychology of School Learning。臺北市：遠流。

林巧敏（2013）。由數位閱讀偏好探討公共圖書館館藏發展。臺北市立圖書館館訊，30（4），25-44。

林永豐（2018）。核心素養導向的課程轉化與教案特色。教育研究月刊，289，41-54。

林清山譯（1997）。教育心理學：認知取向Educational Psychology: a Cognitive Approach三版。臺北市：遠流。

施宜煌（2013）。從PISA評量閱讀素養情形省思臺灣國民中小學閱讀教育推展的問題，新北市教育，6，67-71。

柯華葳（2009）。教出閱讀力2：培養Super小讀者。臺北市：親子天下。

柯華葳、詹益綾、張建妤、游婷雅（2008）。臺灣四年級學生閱讀素養PIRLS 2006報告。桃園：中央大學學習與教學研究所。

洪月女譯（1998）。談閱讀On reading。臺北市：心理。

洪詠善、范信賢（主編）（2015）。同行～走進十二年國民基本教育課程綱要總綱。新北市：國家教育研究院。

唐淑華（2017）。培養閱讀素養，何必遠求？從設計一本「以學生為主體」的中學課本開始。教科書研究，10（2），1-31。

唐淑華、蔡孟寧、林烘煜（2015）。多文本課外閱讀對增進國中學生理解歷史主題之研究——以「外侮」主題為例，教育科學研究期刊，6（3），63-94。

涂志賢、程一民（2013）。提升學生閱讀素養的閱讀理解策略教學，新北市教育，6，78-80。

翁玉雲（2014）。國語文教科書閱讀理解教材設計之研究——以翰林版國小三年級「閱讀樂園」為例。臺北市立大學學習媒材與設計學系課程與教學碩士學位在職進修專班碩士論文，臺北市。 取自https://hdl.handle.net/11296/b857qg

國家教育研究院（2015）。十二年國民基本教育課程發展指引。新北市：國家教育研究院。

張文哲譯（2005）。教育心理學Educational Psychology。臺北市：學富文化。

張佳琳（2012）。有效促進理解的閱讀教學方法，教育人力與專業發展，3，83-90。

張春興（2007）。教育心理學。臺北市：東華。

教育部（1993）。國民小學課程標準（國語）。臺北市：作者。

教育部（1999）。常用國字標準字體筆順手冊。臺北市：作者。

教育部（2008a）。國民中小學九年一貫課程綱要（總綱）。臺北市：作者。

教育部（2008b）。國民中小學九年一貫課程綱要（語文學習領域）。臺北市：作者。

教育部（2011a）。國民中小學九年一貫課程綱要（國語文學習領域）。臺北市：作者。

教育部（2011b）。國民中小學九年一貫課程綱要（學習領域）修訂（微調）說明。臺北市：作者。

教育部（2011c）。在職教師閱讀教學增能研習手冊。臺北市：作者。

教育部（2018）。十二年國民基本教育課程綱要（國語文學習領域）。臺北市：作者。

許育健（2011a）。國語文教科書內容設計之研究～以臺灣、中國、香港、新加坡為例（未出版之博士論文）。國立臺灣師範大學，臺北市。

許育健（2011b）。閱讀旅程你我它 —— 談閱讀理解歷程的思與問。臺北市教育e週報，509。取自http://enews.tp.edu.tw/paper_show. aspx?EDM=EPS20110630140045C0S

許育健（2013）。閱讀2.0：資訊科技時代的數位閱讀力。教師天地，187，19-33。

許育健（2015）。高效閱讀：閱讀理解問思教學模式。臺北市：幼獅。

許育健（2016）。國小本國語文教科書設計歷程之現況與省思：以臺灣、中國、香港、新加坡為例，課程與教學季刊，19（1），59-84。

許育健、林冬菊、周宏智（2013）。挑戰閱讀理解力3。新北市：螢火蟲。

許育健、徐慧鈴、林雨蓁（2017）。智慧閱讀：多媒體語文教學模式。臺北市：幼獅。

許育健、徐慧鈴（2019年9月）。數位閱讀CARE教學模式之建構。「2019學習媒材與教學國際論壇」發表之論文，臺北市立大學。

陳正治（2008）。國語文教材教法。臺北市：五南。

陳欣希、柯雅卿、周育如、陳明蕾與游婷雅（2011）。問好問題。臺北市：天衛文化。

曾子旂（2019）。從二十一世紀關鍵能力的養成論以專案式學習促進核心素養。課程研究。14（2），85-106。

馮永敏（2001）。展開過程揭示規律──試探九年一貫本國語文統整教學的實施。九年一貫語文統整教學學術研討會論文集（頁63-118），臺北市立師範學院語文系、實習輔導處。

黃亦麟（2010）。國小四年級國語習作與教師手冊閱讀理解提問類型分析。臺北市：臺北市立教育大學。

黃郁婷、徐頠倩（2016）。閱讀與數位科技的結合：淺談數位閱讀。臺灣教育評論月刊，5（5），105-107。

黃富順（1994）。我國失學國民脫盲識字標準及脫盲識字字彙之研究。國立臺灣師範大學成人教育研究中心專題研究報告（編號：4）。

楊裕貿（2017）。寫作教學，國語文教學理論與應用（王珩等合著），頁264-273。臺北市：洪葉。

甄曉蘭（2007）。如何編制課程。載於甄曉蘭（主編），課程經典導讀（頁19-38）。臺北市：高等教育。

臺北市政府教育局（2010）。從多讀書到會讀書～臺北市國小閱讀理解策略推廣手冊。臺北市：作者。

臺灣師大國音教材編輯委員會（2014）。國音學。臺北市：正中書局。

潘奕萍（2011）。圖解電子書圖書館。臺北市：五南。

蔡清田（2012）。課程發展與設計的關鍵DNA：核心素養。臺北市：五南。

鄭麗玉（2000）。認知與教學。臺北市：五南。

謝佩蓉（2018）。108課綱第四學習階段國語文閱讀素養線上評量之建構。教育科學研究期刊，63（4），59-87。

謝進昌（2014）。教室內數位閱讀學習與評量。教育人力與專業發展，31（3），1-6。

蘇慧珍、楊凱琳、陳佳陽（2017）。閱讀策略教學對高二學生數學學習表現的影響。教育科學研究期刊。第62卷第1期，頁33-58。

羅秋昭（2007）。國小語文科教材教法。臺北市：五南。

Ciampa, K. (2016). Implementing a Digital Reading and Writing Workshop Model for Content Literacy Instruction in an Urban Elementary (K–8) School. *The Reading Teacher*, 70(3), 295-306.

Chambliss, M. J., & Calfee, R. C. (1998). *Textbook for learning: Nurturing children's minds* . Malden, MA: Blackwell.

Liu, Z. (2005). Reading behavior in the digital environment: Changes in reading behavior over the past ten years. *Journal of Documentation, 61*(6), 700-712. Retrieved from ProQuest Education Journals database. Retrieved from http://search.proquest.com/docview/217977973?accountid=8007

Snow, C. (2002). *Reading for Understanding: Toward an R&D Program in Reading Comprehension.* Santa Monica, CA: RAND Corporation.

相關參考資料

王世英（2012）。國民小學學童媒體使用行為之研究——教師媒體素養教育反思。**教育資料與研究雙月刊，95**，59-85。

王珩等（2008）。**國語文教學理論與應用**。臺北市：洪葉。

王梅玲（2013）。從電子書數位閱讀探討圖書館推廣策略。臺北市立圖書館館訊，**30**（4），9-24。

何文勝（2008）。大陸、臺灣、香港與新加坡初中中國語文教科書編選體系的比較研究。「國民中小學國語文教科用書之比較探析」國際學術研討會論文集（頁39-51），國立臺灣師範大學。

吳俊憲（2008）。教科書的設計與編輯。載於國立編譯館（主編），**2008教科書政策與制度國際學術研討會論文手冊**（頁49-58），臺北市。

吳清山（2018）。素養導向教師教育內涵建構及實踐之研究。**教育科學研究期刊，63**（4），261-293。

呂秀蓮（2017）。十二年國教新課綱的使用：現況、困境與解決。**教育研究月刊，278**，95-109

李漢偉（1999）。**國小語文科教學探索**。高雄市：麗文。

李鍌（2002）。悠悠歲月十二年——主編國立編譯館國小國語科教科書的回顧與檢討。**人文及社會學科教學通訊，13**（1），7-16。

汪瑩（2000）。語文教材編寫改革及其發展。**教科書制度研討會資料集**（頁83-93），中華民國教材發展學會。

周珮儀（2003）。教科書研究的現況分析與趨勢展望。載於中華民國課程與教學學會（主編），**教科書之選擇與評鑑**（頁175-207）。高雄市：復文。

周珮儀（2005）。我國教科書研究的分析。**課程與教學，8**（4），91-116。

周淑卿（2019）。十二年國教課綱的教科書準備工作：專訪國家教育研究院教科書研究中心楊國揚主任。**教育研究月刊，303**，4-11。

周淑卿、丁思與（2019）。從內容導向到素養導向教材設計：生活課程教科書編者的理解。**教育研究月刊**，**303**，25-39。

幸曼玲、陸怡琮、辜玉旻（2010）。**閱讀理解策略教學手冊**。臺北市：教育部。

林巧敏（2011）。臺灣國小學童數位閱讀興趣與行為之調查分析。**國家圖書館館刊**，**100**（2），30-59。

林永豐（2019）。延續或斷裂？能力到素養的課程改革意涵。**課程研究**，**13**（2），1-20。

林珊如（2003）。大學教師網路閱讀行為之初探。**圖書資訊學刊**，**30**（4），75-92。

林珊如（2010）。數位時代的閱讀：青少年網路閱讀的爭議與未來。**圖書資訊學刊**，**8**（2），29-53。

金振玄譯（2011）。**書本的危機**（原作者Grafton，anthony）。臺北市：允晨文化。

洪春暉（2010）。**數位閱讀產品與服務機會探索**。臺北市：資策會產情所。

張正男（2004）。**國音及說話**。臺北市：三民書局。

張維容、吳美美（2016）。臺灣偏鄉圖書館電子書數位閱讀推廣策略分析。**國家圖書館館刊**，**2**，71-98。

教育部（2017）。**PIRLS 2016 臺灣四年級學生閱讀素養國家報告**。臺北市：作者。

教育部（2019）。**十二年國民基本教育課程綱要《議題融入說明手冊》**。臺北市：作者。

符碧真（2018）。素養導向國教新課綱的師資培育：國立臺灣大學探究式——素養導向的師資培育」理想芻議。**教育科學研究期刊**，**63**（4），59-87。

許育健（2012）。別把語文課當成閱讀課～語文教學與閱讀教學的異同辨析。臺北市教育e週報，564。取自http://enews.tp.edu.tw/paper_show.aspx?EDM=EPS20120721164854ICQ

許育健（2018）。屋頂上的貓：素養導向國語文評量設計實務。臺北市：幼獅。

許瑋珊（2012）。家庭資源、課後學習對閱讀素養影響之研究──以臺灣、韓國、加拿大、芬蘭為例。未出版之碩士論文，國立政治大學，臺北市。

陳弘昌（2001）。國小語文科教學研究。臺北市：五南。

陳泱璇、媒體科技研究團隊（2016）。數位閱讀現況分析，取自https://mic.iii.org.tw/aisp/ReportS.aspx?id=CDOC20160422003。於2018年12月17日。

陳海泓、陳昭珍（2018）。國民中小學閱讀與資訊素養融入教學現況調查。圖書資訊學研究，13（1），1-50。

陳新豐（2019）。教師對數學數位閱讀素養文本輔助國小高年級學童閱讀動機、理解與溝通互動之探討。國立屏東大學學報──教育類，3，73-110。

陳麗華（2008）。評介「為學習而設計的教科書」及其對我國中小學教科書設計與研究的啟示。教科書研究，1（2），137-159。

陳麗華，葉韋伶（2018）。學習者中心取向教材設計之規準與案例分析──以美國社會教科書為例。教科書研究，11（1），1-36。

陸又新（2001）。基本能力取向的國語文統整教學初探綱要──以「聆聽及說話」為例。九年一貫語文統整教學學術研討會論文集（頁155-172），臺北市立師範學院語文系、實習輔導系。

黃政傑、張嘉育（2007）。教科書政策分析：焦點、爭議與方向。載於中華民國課程與教學學會（主編），教科書制度與影響（頁1-26）。臺北市：五南。

黃崇術（1990）。聽力教學之我見。人文及社會學科教學通訊，2（4），176-180。

黃瑞枝（1997）。說話教材教法。臺北市：五南。

黃嘉雄（2000）。臺灣地區國民中小學教科書制度的現況與展望。教科書制度研討會資料集（頁66-82），中華民國教材研究發展學會。

黃顯華（2000）。香港地區教科書選用制度。「邁向課程新紀元（三）教科書制度研討會」會議手冊（頁23-41），中華民國教材研究發展學會。

楊思偉（2007）。比較教育。臺北市：心理。

葉潔宇（2000）。英語聽力教學。英語教學，25（1），90-98。

劉仲成、賴麗香（2018）。臺灣公共圖書館讀者數位閱讀新風貌 以電子書服務平台之調查研究為例。國家圖書館館刊，107（2），55-74。

劉潔玲（2008）。課程改革下香港語文科教科書的轉變及教師選擇和調適教科書的情況。「國民中小學國語文教科用書之比較探析」國際學術研討會論文集（頁53-64），教育部。

歐用生（2003）。教科書之旅。臺北市：中華民國教材研究發展學會。

鄭玓玲（2002）。國中英語教科書編輯歷程與內容編寫之個案研究（未出版之碩士論文）。國立高雄師範大學，高雄市。

賴麗珍譯（2008）。重理解的課程設計（Grant Wiggins & Jay McTighe原著）。臺北市：心理。

闊立欽（2000）。大陸地區的教科書制度。「教科書制度研討會」資料集（頁4-11），中華民國教材發展學會。

藍順德（2005）。教科書政策與制度。臺北市：五南。

Davies, M. (2011). Concept mapping, mind mapping and argument mapping: what are the differences and do they matter? High Education, 62, Issue 3, pp 279–301.

ChanLin, L. J. (2013). Reading strategy and the need of e-book features. *The Electronic Library, 31*(3), 329-344.

Chen, S. F. (2017). Modeling the influences of upper-elementary school students' digital reading literacy, socioeconomic factors, and self-regulated learning strategies. *Research in Science & Technological Education, 35*(3), 330-348.

Crossley, M., Murby, M. (1994). Textbook provision and the quality of the school curriculum in developing countries: issues and policy options. *Comparative Education, 30*(2), 99-113.

Chen, C. M.; Wang, J. Y.; Chen Y. C. (2014). Facilitating English-Language Reading Performance by a Digital Reading Annotation System with Self-Regulated Learning Mechanisms. *Journal of Educational Technology & Society, 17*(1), 102-114.

Henry, L. A. (2006). Searching for an answer: The critical role of new literacies while reading on the Internet. *The Reading Teacher*, 59(7), 614-627.

Keith, S. (1991). The determinants of textbook content. In P. G. Altbach, G. P. Kelly, H. G. Petrie, & L.Weis (Eds.), *Textbook in America society: Politics, policy, and pedagogy* (pp. 43-59). Albany, NY: State University of New York Press.

Lynch. C. (1998). *Information literacy and information technology literacy:New components in the curriculum for a digital culture.* Retrieved from ProQuest Education Journals database.  Retrieved from https://www.cni.org/wp-content/uploads/2011/08/info-and-IT-literacy.pdf

Laspina, J. A. (1998). *The visual turn and the transformation of the textbook.* London: Lawrence Erlbaum Associates, Inc.

Leu, D. J.; Forzani, E.; Timbrell, N.; Maykel, C. (2015). Seeing the forest, not the trees. *The Reading Teacher, 69* (2), 139-145.

Mullis, I.V.S., & Martin, M.O. (Eds.). (2015). *PIRLS 2016 assessment framework (2nd ed.).* Chestnut Hill, MA: TIMSS & PIRLS International Study Center, Boston College.

Neumann, P. H. (1980). *Publishing for schools: Textbooks and the less developed countries.* (Educational Resource Information Center, ED 199 812)

OECD. (2018). *Pisa 2018 reading literacy framework.* Retrieved Dec 18, 2018, from http://www.oecd.org/pisa

# 附錄一

中國大陸《全日制義務教育語文課程標準》優秀詩文背誦推薦篇目的建議

| 小學一至六年級（共75篇） | |
| --- | --- |
| 1. 江南（江南可採蓮） | 漢樂府 |
| 2. 長歌行（青青園中葵） | 漢樂府 |
| 3. 敕勒歌（敕勒川） | 北朝民歌 |
| 4. 詠鵝（鵝鵝鵝） | 駱賓王 |
| 5. 風（解落三秋葉） | 李嶠 |
| 6. 詠柳（碧玉妝成一樹高） | 賀知章 |
| 7. 回鄉偶書（少小離家老大回） | 賀知章 |
| 8. 涼州詞（黃河遠上白雲間） | 王之渙 |
| 9. 登鸛雀樓（白日依山盡） | 王之渙 |
| 10. 春曉（春眠不覺曉） | 孟浩然 |
| 11. 涼州詞（葡萄美酒夜光杯） | 王翰 |
| 12. 出塞（秦時明月漢時關） | 王昌齡 |
| 13. 芙蓉樓送辛漸（寒雨連江夜入吳） | 王昌齡 |
| 14. 鹿柴（空山不見人） | 王維 |
| 15. 送元二使安西（渭城朝雨浥輕塵） | 王維 |
| 16. 九月九日憶山東兄弟（獨在異鄉為異客） | 王維 |
| 17. 靜夜思（床前明月光） | 李白 |
| 18. 古朗月行（小時不識月） | 李白 |
| 19. 望廬山瀑布（日照香爐生紫煙） | 李白 |
| 20. 贈汪倫（李白乘舟將欲行） | 李白 |
| 21. 黃鶴樓送孟浩然之廣陵（故人西辭黃鶴樓） | 李白 |
| 22. 早發白帝城（朝辭白帝彩雲間） | 李白 |

（續下頁）

小學一至六年級（共75篇）

| | |
|---|---|
| 23. 望天門山（天門中斷楚江開） | 李白 |
| 24. 別董大（千里黃雲白日曛） | 高適 |
| 25. 絕句（兩個黃鸝鳴翠柳） | 杜甫 |
| 26. 春夜喜雨（好雨知時節） | 杜甫 |
| 27. 絕句（遲日江山麗） | 杜甫 |
| 28. 江畔獨步尋花（黃師塔前江水東） | 杜甫 |
| 29. 楓橋夜泊（月落烏啼霜滿天） | 張繼 |
| 30. 滁州西澗（獨憐幽草澗邊生） | 韋應物 |
| 31. 遊子吟（慈母手中線） | 孟郊 |
| 32. 早春呈水部張十八員外（天街小雨潤如酥） | 韓愈 |
| 33. 漁歌子（西塞山前白鷺飛） | 張志和 |
| 34. 塞下曲（月黑雁飛高） | 盧綸 |
| 35. 望洞庭（湖光秋月兩相和） | 劉禹錫 |
| 36. 浪淘沙（九曲黃河萬里沙） | 劉禹錫 |
| 37. 賦得古原草送別（離離原上草） | 白居易 |
| 38. 池上（小娃撐小艇） | 白居易 |
| 39. 憶江南（江南好） | 白居易 |
| 40. 小兒垂釣（蓬頭稚子學垂綸） | 胡令能 |
| 41. 憫農（鋤禾日當午） | 李紳 |
| 42. 憫農（春種一粒粟） | 李紳 |
| 43. 江雪（千山鳥飛絕） | 柳宗元 |
| 44. 尋隱者不遇（松下問童子） | 賈島 |
| 45. 山行（遠上寒山石徑斜） | 杜牧 |
| 46. 清明（清明時節雨紛紛） | 杜牧 |
| 47. 江南春（千里鶯啼綠映紅） | 杜牧 |
| 48. 蜂（不論平地與山尖） | 羅隱 |

（續下頁）

| 小學一至六年級（共75篇） | |
|---|---|
| 49. 江上漁者（江上往來人） | 范仲淹 |
| 51. 元日（爆竹聲中一歲除） | 王安石 |
| 51. 泊船瓜洲（京口瓜洲一水間） | 王安石 |
| 52. 書湖陰先生壁（茅簷長掃淨無苔） | 王安石 |
| 53. 六月二十七日望湖樓醉書（黑雲翻墨未遮山） | 蘇軾 |
| 54. 飲湖上初晴後雨（水光瀲灩晴方好） | 蘇軾 |
| 55. 惠崇春江曉景（竹外桃花三兩枝） | 蘇軾 |
| 56. 題西林壁（橫看成嶺側成峰） | 蘇軾 |
| 57. 夏日絕句（生當作人傑） | 李清照 |
| 58. 三衢道中（梅子黃時日日晴） | 曾幾 |
| 59. 示兒（死去元知萬事空） | 陸遊 |
| 60. 秋夜將曉出籬門迎涼有感（三萬里河東入海） | 陸遊 |
| 61. 四時田園雜興（晝出耘田夜績麻） | 范成大 |
| 62. 四時田園雜興（梅子金黃杏子肥） | 范成大 |
| 63. 小池（泉眼無聲惜細流） | 楊萬里 |
| 64. 曉出淨慈寺送林子方（畢竟西湖六月中） | 楊萬里 |
| 65. 春日（勝日尋芳泗水濱） | 朱熹 |
| 66. 觀書有感（半畝方塘一鑑開） | 朱熹 |
| 67. 題臨安邸（山外青山樓外樓） | 林升 |
| 68. 遊園不值（應憐屐齒印蒼苔） | 葉紹翁 |
| 69. 鄉村四月（綠遍山原白滿川） | 翁卷 |
| 70. 墨梅（我家洗硯池頭樹） | 王冕 |
| 71. 石灰吟（千錘萬鑿出深山） | 於謙 |
| 72. 竹石（咬定青山不放鬆） | 鄭燮 |
| 73. 所見（牧童騎黃牛） | 袁枚 |
| 74. 村居（草長鶯飛二月天） | 高鼎 |
| 75. 己亥雜詩（九州生氣恃風雷） | 龔自珍 |

國家圖書館出版品預行編目（CIP）資料

聽，鯨在唱歌：素養導向國語文教學設計實
務 / 許育健著. -- 初版. -- 臺北市：五南
圖書出版股份有限公司, 2020.07
　面； 公分
　ISBN 978-986-522-055-6(平裝)

1. 漢語教學　2. 教學設計　3. 中小學教育

523.31　　　　　　　　　　109007909

1XJB

# 聽，鯨在唱歌：
# 素養導向國語文教學設計實務

作　　者 — 許育健（234.6）

企劃主編 — 黃文瓊

責任編輯 — 吳雨潔

封面設計 — 姚孝慈

美術設計 — 賴玉欣

出　版　者 — 五南圖書出版股份有限公司

發　行　人 — 楊榮川

總　經　理 — 楊士清

總　編　輯 — 楊秀麗

地　　　址：106臺北市大安區和平東路二段339號4樓

電　　　話：(02)2705-5066　傳　　真：(02)2706-6100

網　　　址：https://www.wunan.com.tw

電子郵件：wunan@wunan.com.tw

劃撥帳號：01068953

戶　　　名：五南圖書出版股份有限公司

法律顧問　林勝安律師

出版日期　2020年 7 月初版一刷
　　　　　2024年 9 月初版九刷

定　　　價　新臺幣380元

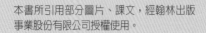

# 經典永恆・名著常在

## 五十週年的獻禮——經典名著文庫

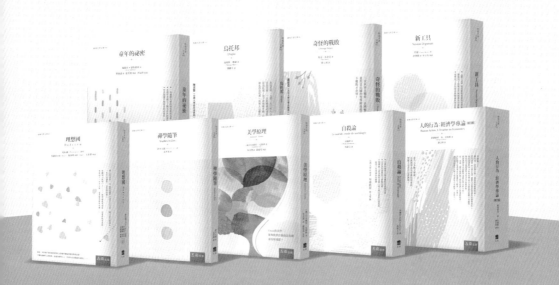

五南,五十年了,半個世紀,人生旅程的一大半,走過來了。

思索著,邁向百年的未來歷程,能為知識界、文化學術界作些什麼?

在速食文化的生態下,有什麼值得讓人雋永品味的?

歷代經典・當今名著,經過時間的洗禮,千錘百鍊,流傳至今,光芒耀人;

不僅使我們能領悟前人的智慧,同時也增深加廣我們思考的深度與視野。

我們決心投入巨資,有計畫的系統梳選,成立「經典名著文庫」,

希望收入古今中外思想性的、充滿睿智與獨見的經典、名著。

這是一項理想性的、永續性的巨大出版工程。

不在意讀者的眾寡,只考慮它的學術價值,力求完整展現先哲思想的軌跡;

為知識界開啟一片智慧之窗,營造一座百花綻放的世界文明公園,

任君遨遊、取菁吸蜜、嘉惠學子!